Cadeau de M[illegible]
d'Henriette
en 1986

Vivre avec sa tête ou avec son coeur

Couverture

- Maquette et illustration:
  MICHEL BÉRARD

Maquette intérieure

- Conception graphique:
  CLAIRE DUTIN

DISTRIBUTEURS EXCLUSIFS:

- Pour le Canada:
  AGENCE DE DISTRIBUTION POPULAIRE INC.*
  955, rue Amherst, Montréal H2L 3K4 (tél.: 514-523-1182)
  *Filiale de Sogides Ltée
- Pour la France et l'Afrique:
  INTER-FORUM
  13, rue de la Glacière, 75013 Paris (tél.: 570-1180)
- Pour la Belgique, la Suisse, le Portugal, les pays de l'Est:
  S.A. VANDER
  Avenue des Volontaires 321, 1150 Bruxelles (tél.: 02-762-0662)

Lucien Auger

Vivre avec sa tête ou avec son coeur

Centre interdisciplinaire de Montréal Inc.

5055, avenue Gatineau Montréal H3V 1E4 (514) 735-6595

Les Éditions de l'Homme*

CANADA: 955, rue Amherst, Montréal H2L 3K4

*Division de Sogides Ltée

Bibliothèque nationale du Québec
Dépôt légal — 4e trimestre 1979

ISBN 2-7619-0050-2

Introduction

Voici donc le cinquième livre que je présente à mes lecteurs depuis qu'en 1972, je me suis décidé à rédiger mon premier volume sur la relation d'aide.

À la différence des précédents, le présent volume n'aborde pas un sujet défini de façon concertée. On y retrouvera plutôt une série de courts chapitres portant chacun sur des sujets différents tous reliés entre eux par le fil conducteur d'une même philosophie. Je me suis laissé guider dans le choix des sujets à développer par plusieurs facteurs. D'abord et avant tout par la fréquence avec laquelle je suis amené à explorer certains sujets avec les personnes qui me consultent en thérapie. Cependant, certains sujets qui font très souvent l'objet de nos discussions ne se retrouvent pas dans le présent volume parce que je les ai abordés ailleurs. Ainsi, par exemple, on ne trouvera ici que des références passagères à toutes les questions concernant l'amour et la sexualité, que j'ai développées dans un ouvrage antérieur.

Par ailleurs, on trouvera ici développés de manière plus approfondie certains points sur lesquels je n'ai jusqu'ici écrit qu'en passant. C'est ainsi qu'un chapitre entier sera consacré à l'affirmation de soi.

En troisième lieu, je reprends certains sujets déjà présentés, mais en les explorant d'une manière nouvelle ou plus détaillée. J'ai été poussé à le faire en constatant que certaines idées avaient été mal comprises par mes lecteurs ou parce que l'expérience quotidienne m'a amené à développer ma propre pensée. Le chapitre sur l'art de la confrontation en constitue un exemple.

Tout au long de ces pages, le lecteur retrouvera la même philosophie émotivo-rationnelle sur laquelle je me base dans mon travail professionnel et, en autant que j'y arrive, dans la gestion de ma vie personnelle. Je n'ai pas trouvé jusqu'à maintenant de système de pensée ni de théorie thérapeutique qui me satisfassent plus que celle-là, ni qui m'apparaissent plus aptes à aider les personnes qui me rencontrent. La vie quotidienne m'apporte sans cesse la confirmation de la justesse de cette approche et de son éminente utilité pour qui veut bien se donner la peine de la comprendre et de l'appliquer dans son existence.

Comme les personnes qui me rencontrent affrontent des problèmes de toutes sortes et comme je suppose qu'il en est de même pour mes lecteurs, on trouvera d'une part dans ce volume des chapitres plus généraux. Ils traitent de ce qui est souvent commun à tous les êtres humains. D'autre part, des chapitres plus spécifiques s'adressent à des personnes confrontées à des situations particulières.

Un mot sur le titre. Comme vous le remarquez, c'est aussi le titre du premier chapitre. J'ai essayé dans ce chapitre de donner le ton général de tout l'ouvrage et de démontrer, entre autres choses, que ce problème que me posent si souvent mes consultants, est au fond un faux problème. Nous n'avons pas à choisir entre la tête et le coeur comme principe directeur de nos vies. Il s'agit d'une dichotomie artificielle qui constitue la source de nombreux problèmes complètement inutiles. Il ne s'agit pas de vivre avec sa tête *ou* avec son coeur, mais de constater que ces deux éléments n'en constituent en fait qu'un seul. Il est grandement temps qu'on fasse disparaître la barrière artificielle posée entre la raison et les émotions pour enfin constater qu'il ne s'agit au fond que de deux étapes du même phénomène.

Je tiens à remercier de nouveau mes collègues du Centre Interdisciplinaire de Montréal avec lesquels je travaille maintenant depuis des années dans une atmosphère de collaboration et de bonne entente. Mes remerciements également à tous ceux qui m'ont encouragé à écrire ce livre et qui m'ont soutenu pendant la période parfois pénible de sa rédaction. Je mentionnerai plus particulièrement Jean-Marie Aubry qui, à titre de directeur des Éditions du CIM, m'a assisté de ses observations tout autant incisives que bienveillantes, de même que Micheline Côté-Rankin qui a été la première personne à lire et à critiquer ma prose puisqu'elle au dû d'abord la déchiffrer, puis en dactylographier la copie. À tous les autres, trop nombreux pour que je les identifie, qui ont de quelque manière contribué à préciser ma pensée et à affirmer son expression, j'exprime ma profonde gratitude.

Chapitre 1

Vivre avec sa tête ou avec son coeur?

"Mais on ne peut pas toujours raisonner!" L'exclamation jaillit de la bouche de mon interlocuteur avec une véhémence qui laissait soupçonner qu'il y attachait beaucoup d'importance et ressentait une vive agitation.

— Vous croyez que cela est impossible, répondis-je.

— Évidemment, répondit-il. Et non seulement cela est-il impossible, mais ce n'est même pas humain. Nous ne sommes pas des ordinateurs dénués d'émotion et d'ailleurs, comme l'a dit Saint-Exupéry, on ne comprend bien qu'avec le coeur. Votre méthode n'aboutit qu'à déshumaniser, à transformer les êtres humains en robots, en pures machines à penser qui ne sentent plus rien. Eh bien! non, je n'y consentirai jamais!

— Il me semble que vous dites deux choses. Premièrement, qu'il nous est impossible de raisonner en toutes circonstances sans jamais défaillir, et que, deuxièmement, même si cela nous était possible, vous ne voudriez pas vous engager dans cette voie parce qu'ainsi vous vous nuiriez à vous-même. Est-ce que je vous saisis bien?

— Très bien; c'est exactement ce que je pense.

— Trouvez-vous agréable de ressentir des émotions comme l'anxiété, la dépression, la culpabilité?

— Bien sûr que non.

— Et par ailleurs, avez-vous du plaisir à vous sentir détendu, gai, joyeux, plein d'entrain et d'enthousiasme?

— Voyons!

— Bon. La méthode que je vous propose ne se donne pas d'autre objectif que de vous amener à ressentir le plus possible des émotions que vous aimez et le moins possible de celles que vous détestez.

— Très bien, bravo et excellent. Mais avouez qu'on ne peut tout de même pas toujours se servir de sa raison!

— Je vous concède qu'en pratique cela est en effet très difficile pour la plupart d'entre nous et à toutes fins utiles impossible. Mais qu'une chose soit parfois impossible à réaliser ne la rend pas pour autant moins souhaitable, ni moins avantageuse.

— D'accord, mais en vivant seulement avec sa tête, on se prive de plaisirs qui ne sont pas négligeables.

— Ce que vous dites est tout à fait impossible, puisque, comme je vous l'ai déjà expliqué (*S'aider soi-même*), vos émotions, tant agréables que désagréables, trouvent toutes leur origine dans vos pensées, vos idées, vos croyances, dans votre *tête*, si vous voulez.

— Mais je ne veux pas être toujours raisonnable. Ça finit par être ennuyeux à la longue!

— Vous pensez probablement qu'être raisonnable veut dire ne pas manger de bonbons avant le dîner, ne pas crier ou chanter trop fort, ne pas déranger les autres comme on vous l'a montré quand vous étiez enfant. Je vous prie de remarquer que si tel est le cas, vous donnez au mot raisonnable une définition bien étroite, qui correspond plus à ce que vos parents exigeaient de vous pour leur propre confort qu'à ce qu'il signifie en réalité.

— Je ne suis pas certain de comprendre.

— Eh bien! en soi, “raisonnable” veut dire ce qui est conforme à la raison, la raison étant elle-même la capacité que nous avons de saisir la réalité plus ou moins exactement. Mais il y a fort à parier que quand vos parents vous enjoignaient d'être “raisonnable”, ce n'est pas ainsi qu'ils l'entendaient. Vous en êtes peut-être ainsi venu à considérer toute chose raisonnable comme nécessairement ennuyeuse, excluant la spontanéité, une chose ardue, désagréable, allant à l'encontre de vos goûts et de vos désirs. Il ne sera pas alors très séduisant pour vous d'être “raisonnable”.

— C'est vrai que c'est ennuyant d'être toujours raisonnable!

— Bien sûr, si vous l'entendez de la même manière que vos parents. Mais rien ne vous empêche de comprendre que ce terme ne désigne rien d'autre que votre capacité d'être fidèle au réel et d'agir en conséquence.

— Mais alors, certaines choses peuvent être réalistes, sans être “raisonnables”.

— Parfaitement. C'est au fond une question de bon sens. Supposons que, assis au bord de la mer, vous regardiez le soleil se coucher à l'horizon en compagnie de votre bien-aimée. Le vent souffle doucement dans les bananiers et tout va pour le mieux. Si votre amie vous dit: “Quel splendide coucher de soleil!”, serait-il très réaliste de lui répondre: “Ma chérie, au fond le soleil ne se couche pas. C'est la terre qui, dans sa rotation, masque graduellement le globe du soleil, nous donnant l'illusion que ce dernier descend à l'horizon”?

— Sûrement pas. Je pense que je mériterais une bonne claque si je parlais ainsi.

— Bon, en fait vous ne mériteriez rien du tout, mais vous voyez vous-même que dans ces circonstances, un tel langage, bien que techniquement exact, s'écarterait du réel présent. Ce serait, dans les circonstances, un langage “fou”, comme ce le serait d'essayer d'évaluer le prix d'un tableau de Van Gogh en se demandant combien l'artiste a dépensé effectivement pour la toile, les couleurs et les pinceaux.

— On peut donc dire qu'il n'est pas toujours réaliste d'être "raisonnable"?

— En effet. En cherchant un peu, vous trouverez de nombreux exemples où il serait inapproprié, irréaliste, inadapté de s'en tenir à une attitude rigoureusement mathématique.

— J'avais donc raison quand je disais qu'on ne pouvait pas toujours raisonner!

— On le pourrait peut-être, mais cela serait souvent idiot, comme vous pouvez le constater. Il ne s'agit pas de *toujours* raisonner, mais de le faire quand cela est utile et avantageux pour soi ou pour d'autres.

— Mais comment savoir quand cela est approprié et quand ça ne l'est pas?

— Ce sont les conséquences qui vous l'indiqueront. Si votre abstention à raisonner ne vous apporte pas de conséquences fâcheuses, il n'y a pas de problème. Au contraire, si vous vous embêtez vous-même faute de consentir à raisonner, vous feriez mieux de vous y mettre, même si cela peut vous apparaître pénible, au début du moins."

Le problème qui consiste à se demander s'il vaut mieux vivre avec sa tête ou avec son coeur est donc un problème absurde, aussi sot que celui qui consisterait à se demander s'il vaut mieux marcher que nager. Tout dépend évidemment de l'endroit ou l'on se trouve.

De plus, c'est une erreur de croire que l'usage de la raison fait disparaître les émotions. Émotions et raison se distinguent certes, mais ne se séparent pas. Les émotions originent des idées et des croyances et on ne peut pas ressentir une émotion, quel que soit son type, à moins d'avoir en tête un contenu cognitif quelconque. Il est rigoureusement exact de dire que le "coeur" suit toujours la "tête". La question: "Vaut-il mieux vivre selon sa tête que selon son coeur?" n'a donc finalement pas de sens puisque, en dernière analyse, on agit toujours selon son "coeur" mais que ce dernier est toujours entièrement déterminé par la "tête". Le principe n'est donc pas de se défaire de ses émotions (le "coeur") pour les remplacer par la froide raison (la “tête”). D’abord, comme je viens de le montrer, c’est impossible. En second lieu, même si cela était possible, il est clair que presque tout plaisir s’évanouirait de la vie, puisqu’une grande part du bonheur d’un être humain coïncide avec la présence en lui d’émotions agréables.

Il s’agit plutôt de s’appliquer à ne garder dans l’esprit que des pensées et des croyances fidèles au réel. Ces pensées et ces croyances entraîneront inévitablement la présence d’émotions dont on peut espérer qu’elles seront agréables ou que, du moins, elles seront moins pénibles que celles que déclenchent des idées irréalistes et des croyances fausses.

Cependant, il est inexact de conclure que toute idée irréaliste cause des émotions désagréables. Au moins à courte échéance, certaines idées fausses peuvent causer beaucoup de joie et de bonheur. Ainsi en serait-il si on vous annonçait une “bonne” nouvelle, par exemple que vous avez gagné le gros lot à la loterie. Il est probable que vous ressentiriez alors beaucoup de joie, causée par la *croyance* que vous avez de fait gagné beaucoup d’argent et que cela constitue une excellente affaire pour vous. Si vous n’aviez qu’une seule de ces deux idées (“J’ai gagné, mais quelle mauvaise affaire!” ou: “Je n’ai pas gagné, mais comme cela serait une bonne affaire!”), vous ne ressentiriez pas de joie. Il vous faut croire à la fois ces deux idées pour parvenir à ressentir de la joie.

Cependant, si vous croyez avoir gagné, mais que cela est faux, vous avez en tête une idée irréaliste qui, en conjonction avec la deuxième, vous cause beaucoup de joie. Toutefois, votre joie ne saurait beaucoup se prolonger, puisque la réalité viendra avant longtemps affirmer sa présence et détruire dans votre esprit l’idée qui vous causait de la joie.

D’autres idées, sans être évidemment fausses, demeurent indémontrables. À titre d’idées et de croyances, elles causent souvent des émotions chez celui qui les croit et ces émotions peuvent être agréables ou désagréables. Il en est ainsi, par exemple, pour beaucoup d’idées de nature religieuse, particulièrement celles qui concernent le sort réservé à chacun dans l’au-delà. Le martyr qui meurt douloureusement en croyant que sa fidélité lui mérite une éternité de bonheur, meurt dans la joie et la sérénité émotive, tout en connaissant simultanément une douleur physique considérable. On ne peut pas démontrer que sa croyance est réaliste ni qu'elle est irréaliste. La croyance en un au-delà n'est pas en elle-même absurde, en ce sens qu'elle ne contient pas évidemment de contradictions internes, mais elle n'est pas encore démontrable positivement, dans le même sens que le postulat selon lequel la somme des angles d'un triangle est égale à deux angles droits. Cependant, certaines croyances, religieuses ou autres, revêtues souvent du prestige de l'ancienneté et de la tradition, contiennent des contradictions qu'il convient d'élucider. Ainsi en est-il, par exemple, de la notion selon laquelle les bons sont récompensés dans l'au-delà, alors que les méchants y sont châtiés. Pour que cette idée soit réaliste, il faudrait pouvoir démontrer qu'il existe en fait des êtres bons et d'autres méchants. Comme je l'ai mentionné ailleurs, cette notion est contradictoire et fausse, puisqu'on ne peut en fait identifier aucun être "bon" (et qui donc agirait toujours bonnement) ni aucun être "méchant" (et qui donc agirait toujours "méchamment"). Ainsi, si seuls les "bons" connaissent un au-delà heureux, le ciel est vide; d'autre part, si seuls les "méchants" sont punis, l'enfer est vide!

La chasse aux idées fausses se fonde donc sur le principe que, dans la plupart des cas, il est plus avantageux pour un être humain d'entretenir dans son esprit des idées vraies et démontrables que l'inverse. Ce sont ces idées vraies qui sont le plus souvent susceptibles de lui causer des émotions agréables ou, du moins, le minimum d'émotions désagréables. Vouloir être réaliste, c'est faire confiance au réel et conclure que c'est en lui restant fidèle qu'on a les meilleures chances de se faire une vie plus agréable.

Cette fidélité au réel n'apporte évidemment pas le bonheur parfait puisque le réel contient lui-même de nombreux éléments pénibles. Ce n'est pas parce qu'on pense de façon réaliste que tous les ennuis disparaissent. Même pour le réaliste, il continuera à pleuvoir quand il souhaiterait qu'il fasse beau. Cependant, il semble vrai de conclure que la fidélité au réel empêchera d'amplifier des événements déjà désagréables et de se causer à soi-même plus de tracas qu'il n'est vraiment nécessaire.

Par ailleurs, dans de nombreuses circonstances, il sera réaliste de ne pas être réaliste à l'excès. Une certaine portion de fuite dans l'irréel semble saine et recommandable, toujours cependant à la condition que cette fuite n'apporte pas plus d'inconvénients qu'elle ne permet d'en éviter. Considérez par exemple la situation d'un malade rivé au lit pour des mois ou même des années, ou celle du prisonnier incarcéré pour une longue période. Il ne semble pas qu'il y ait d'inconvénients à ce que de telles personnes fuient leur situation pénible par l'imagination. Qu'ils s'évadent par la lecture, les mots croisés ou la simple rêverie, ne pourra pas leur causer de dommage sauf si cette fuite vient saper leur détermination à s'en sortir ou provoque, par comparaison, des réflexions amères sur leur condition présente.

Ainsi, certaines rêveries, irréalistes en elles-mêmes, peuvent être porteuses de bénéfices et constituer, dans certaines situations, une solution réaliste et appropriée. C'est une chose d'être réaliste, c'en est un autre d'être terre-à-terre. Un peu de poésie ou de fantaisie ne peut qu'agrémenter une existence parfois morne et ce serait faire preuve d'un esprit chagrin que de reprocher à quiconque de se bercer parfois d'illusions sans danger. Comme je l'ai souligné ailleurs, cette capacité de rêver et de se bâtir des fantaisies peut être fort utile dans le domaine des rapports sexuels. Elle sera également profitable à ceux qui s'adonnent aux arts plastiques, à la musique, au cinéma, à la danse et à toutes les autres activités dans lesquelles un usage judicieux de l'imagination apparaît bénéfique. Les choses ne se gâtent que lorsqu'on tente d'utiliser la méthode de la rêverie dans des domaines qui s'accommodent mieux de l'usage de la raison. C'est ainsi que lorsqu'on achète une voiture, il est bon de se préoccuper du moteur autant sinon plus que de la carrosserie et de la couleur. Celui qui achète une maison en se fiant simplement à son apparence extérieure risque de trouver de l'eau dans sa cave au premier orage sérieux. Il s'agit en somme d'accorder sa valeur à chacun des aspects d'une même situation sans, autant que possible, en privilégier exagérément l'un aux dépens des autres. C'est dans cet équilibre des facteurs "poétiques" et des facteurs plus terre-à-terre que semble se trouver la meilleure chance d'une vie agréable. Là encore on peut vivre avec sa tête et avec son coeur.

Enfin, il est bon de se souvenir qu'il ne semble guère réaliste d'exiger d'être toujours et parfaitement réaliste. Cette adaptation parfaite et constante à la réalité sous toutes ses formes nous semble impossible à atteindre. Comme êtres humains, nous demeurons toute notre vie soumis à l'erreur et c'est souvent en tâtonnant que nous arrivons à être plus réalistes sans jamais parvenir à l'être complètement. Il semble bien que nous soyons tout simplement trop fragiles pour pouvoir nous comporter parfaitement dans quelque domaine que ce soit. Nous venons au monde dans un état de faiblesse et de dénuement sur tous les plans et il est même probable que nous naissions avec une prédisposition à penser de façon déviée et à nous remplir l'esprit de sottises. De plus, alors que nous sommes encore jeunes et vulnérables, nous sommes soumis à l'influence à la fois bénéfique et maléfique de notre entourage. Cet entourage continue d'ailleurs pendant toute notre vie à nous influencer et à nous présenter d'innombrables occasions de nous troubler nous-mêmes. Qu'on pense à la force énorme, bien que subtile, qu'exerce sur chacun de nous la publicité sous toutes ses formes.

D'autre part, il est indiscutable que les facteurs physiques jouent un rôle difficile à préciser dans la production de nos états émotifs. Chacun aura remarqué combien il lui est plus difficile de penser de façon réaliste quand il est fatigué, malade, bousculé par les événements.

Il serait maladroit et nuisible d'utiliser ces considérations comme prétextes à tolérer en soi la présence des idées fausses qui viennent gâter la vie. Elles peuvent cependant être utilisées pour éviter à chacun de se reprocher son manque passager de réalisme, ce qui constituerait une démarche irréaliste de plus. Il sera au contraire réaliste et sain de s'accepter comme on est, c'est-à-dire comme un être fragile mais non écrasé, à la fois doté de la capacité de penser follement et de celle de penser droitement, incapable d'arriver à diriger sa vie toujours de façon utile, mais également capable d'améliorer ses comportements et de diminuer le nombre et l'importance de ses bêtises.

La tolérance envers soi-même et envers les autres est sans doute l'une des attitudes les plus réalistes qu'un être humain puisse acquérir. Cette tolérance l'amènera à ne pas se prendre lui-même trop au sérieux et à considérer d'un oeil bienveillant et même amusé ses propres défaillances et celles des autres. Elle viendra avantageusement remplacer toutes les formes de fanatisme: politique, religieux, social, économique ou même psychologique. Le fanatique considère toujours les êtres humains comme parfaits et oublie sans cesse qu'ils sont faits de terre. Il leur propose donc et tente de leur imposer des systèmes parfaits et infaillibles, leur promettant un bonheur inaltérable s'ils veulent bien se soumettre à ces systèmes.

Une considération plus réaliste ramènera l'homme à ses dimensions plus vraies et ne conduira ni au désespoir ni à l'optimisme exagéré. Il existe à la fois en l'être humain la possibilité de penser et d'agir de façon magnifiquement constructive et celle du contraire. Depuis que le monde est monde, les deux tendances se sont toujours manifestées simultanément et il est bien peu probable qu'il en soit autrement à brève échéance, à la fois dans la société et chez l'individu.

C'est dans ce monde radicalement imparfait que chacun de nous passe sa seule vie, en contact constant avec des êtres tout aussi imparfaits que lui. Il y vivra avec sa tête et avec son coeur, en tentant d'utiliser cette double capacité à son meilleur avantage et à celui de ses congénères.

Chapitre 2

Comment suivre une thérapie et la réussir

On a écrit que, chaque année, des millions de Nord-Américains se mettent au régime, passent quelques semaines ou quelques mois à se priver de sucreries, à absorber des pamplemousses, à avaler des protéines liquides pour ensuite laisser tout de côté et reprendre en quelques jours les kilos d'embonpoint qu'ils s'étaient contraints à perdre. Les propagandistes de régimes alimentaires nouveaux ne manquent pas; chaque année paraissent des dizaines de volumes, chacun prétendant procurer la cure-miracle et promettant au patient de perdre sa graisse sans douleur.

Il me semble qu'on peut tracer une analogie entre ce phénomène des régimes alimentaires, sans cesse entrepris et abandonnés, et ce qui se passe très souvent quand une personne entreprend une thérapie. Dans un cas comme dans l'autre, une personne entreprend de se modifier parce qu'elle ressent une discordance quelconque, une souffrance d'un type ou d'un autre, ou encore parce qu'elle éprouve la pression sociale qui s'exerce sur elle. Dans un cas comme dans l'autre, médecins ou thérapeutes promettent souvent des résultats mirobolants obtenus sans effort marqué de la part de la personne. Dans un cas comme dans l'autre, après quelques mois, on abandonne le régime pour alors se retrouver dans un état identique à celui dans lequel on se trouvait au départ, quand le nouvel état n'est pas pire que le premier.

Tout cela constitue une perte considérable de temps, d'énergie et même d'argent, sans autre résultat qu'un sentiment d'échec et une espèce de résignation fataliste à un état décrété inaltérable.

Dans ce chapitre, je veux examiner avec vous les conditions qui rendent une démarche thérapeutique vraiment efficace et qui l'empêchent de tourner en un pur exercice futile.

Commençons par nous demander ce qui peut porter une personne à rechercher de l'aide dans le domaine psychologique. Les raisons concrètes sont aussi nombreuses que les individus, mais il semble possible de les regrouper en quelques grandes catégories.

Il y a d'abord le cas de la personne qui a subi un choc brusque et inattendu dans sa vie et qui vacille sous la pression apportée par un événement fortuit. C'est la situation dans laquelle se trouvait, par exemple, Ginette Larose à qui son mari venait d'annoncer sans ménagement qu'il la quittait pour désormais "refaire sa vie" avec sa maîtresse. C'était aussi le cas de Paul Girard qui venait d'apprendre que le poste qu'il occupait au sein d'un organisme allait être aboli et qui, à 49 ans, se retrouvait devant la perspective du chômage et la nécessité d'entreprendre des démarches ardues pour trouver un autre emploi. Pour le jeune Claude Perreault, marié depuis six mois, c'était l'annonce que sa femme était enceinte et qu'il allait se retrouver père à 20 ans. Quant à Claudette Richard, elle venait de rater ses examens à la fin de sa première année de droit.

Dans chaque cas, tout se passe comme si la personne qui, jusqu'à ce moment, avait réussi à se tirer assez bien d'affaire, ne trouvait plus en elle-même les ressources lui permettant de faire face à l'événement inattendu. Comme le boxeur qui vient de recevoir un solide direct à la mâchoire, elle titube, cherchant appui et soutien, momentanément désorientée.

Un deuxième cas est celui de ces personnes qui depuis longtemps traînent une existence sans grandes joies ni grandes peines, souvent anxieuses mais pas trop non plus, dans une grisaille monotone. Il arrive souvent que, vers trente-cinq ou quarante ans, de telles personnes prennent conscience qu'elles sont en train de "rater" leur vie et qu'elles se mettent alors à chercher l'aide qui, pensent-elles, va leur permettre d'obtenir elles aussi leur part de bonheur. Leur motivation à entreprendre et à poursuivre une thérapie est souvent vacillante. Comme leur situation ne les fait pas trop souffrir, elles répugnent souvent à faire les efforts et à entreprendre les démarches qui pourraient les amener à une véritable santé mentale. Ce sont surtout ces personnes qui vont d'un thérapeute à un autre, d'un groupe de croissance à un autre, toujours insatisfaites, cherchant toujours la solution magique qui va régler leur problème sans qu'elles aient trop à payer de leur personne.

C'était le cas de Pauline Marceau, 38 ans, célibataire, n'ayant jamais trouvé un partenaire qui répondît à ses exigences; timide d'ailleurs et renfermée, elle occupait un poste subalterne dans une grosse entreprise. Son emploi, très routinier, ne lui apportait pas de satisfaction. Elle n'avait qu'une seule amie, également timide et effacée, et fréquentait surtout les membres de sa famille. Pauline avait "essayé" huit thérapeutes en sept ans, les avait tous quittés après quelques rencontres, sans jamais vraiment s'impliquer sérieusement dans le travail de transformation que suppose toute thérapie bien menée.

Un troisième groupe est constitué par ces personnes qui, sans s'en rendre compte, s'engagent dans des situations qui dépassent leurs ressources psychologiques. Il ne s'agit pas du choc brutal et fortuit qu'éprouvent les personnes du premier groupe, mais plutôt de l'essoufflement graduel de la personne qui arrive de plus en plus difficilement à trouver en elle-même ce qu'il lui faudrait pour vivre à l'aise dans des circonstances progressivement plus exigeantes. C'est le coureur de fond qui s'est engagé imprudemment dans une longue montée et qui, à mi-pente, commence à faiblir, à se demander s'il pourra se rendre au bout de la course et qui se sent tenté d'abandonner la partie pour au moins se reposer un peu. Ce sera surtout le cas de ces personnes qui fonctionnent raisonnablement bien à un niveau donné, quand leurs responsabilités ne sont pas trop grandes, mais qui commencent à faiblir à mesure qu'on leur confie graduellement de plus grandes tâches ou qu'elles les assument elles-mêmes. Cela se produit notamment pour ces personnes qui ont abordé l'existence en étant embarrassées d'un certain nombre de croyances ou de principes qui pesaient lourd sur elles. Elles se sont comportées adéquatement tant que la course se déroulait dans la plaine mais, dans la montée, faute de savoir jeter du lest, elles se trouvent de moins en moins capables de soutenir le rythme que la vie les appelle à adopter.

Prenons, à titre d'illustration, le cas de Jérôme Lafrance qui, dès son enfance, avait créé en lui-même une attitude faite à la fois de perfectionnisme et de méfiance à l'égard de lui-même et des autres. Après des études bien réussies à l'université, il commença à travailler dans un bureau d'architectes, sous la direction d'un patron bienveillant et tolérant. Tout se passa bien jusqu'à ce que la firme, voyant qu'il accomplissait sérieusement son travail, en vienne à lui confier progressivement des responsabilités de plus en plus grandes, notamment au niveau de la gestion des projets. L'attitude perfectionniste et méfiante de Jérôme, qui ne l'avait pas trop handicapé jusqu'alors et qui lui avait même permis de réaliser des projets difficiles, à la satisfaction de tous, commença alors à devenir pour lui un boulet. Comme il refusait de faire confiance à ses subalternes et tenait mordicus à tout vérifier lui-même, il en vint rapidement à perdre le souffle, à s'épuiser et à détester un travail qui auparavant l'enthousiasmait. C'est alors qu'il chercha de l'aide, vaguement conscient que quelque chose n'allait pas.

Voilà donc certaines des catégories dans lesquelles on peut classer les personnes qui recherchent de l'aide psychologique. Toutes ces personnes ont en commun un sentiment d'insatisfaction devant la vie. Ce sentiment sera très marqué, voisin de la panique, ou il sera plus diffus. Je ne parlerai pas de ces quelques personnes, heureusement encore assez rares dans notre milieu, pour lesquelles entrer en thérapie constitue une espèce de mode qu'il est de bon ton d'adopter. On a "son" thérapeute comme on a "son" coiffeur ou "son" décorateur.

S'il est donc bon nombre de raisons qui puissent inciter quelqu'un à rechercher une aide psychologique, il y en a aussi beaucoup qui peuvent l'en détourner.

La plus importante semble être la théorie selon laquelle une personne qui rencontre un aidant se décerne à elle-même un diplôme d'incompétence et de sottise. Selon cette théorie, toute personne — ou du moins tout adulte — est censée être capable de se tirer d'affaire seule en toutes circonstances et c'est faire preuve d'une faiblesse infantile et déshonorante que de recourir aux services d'un thérapeute. Pour bien des gens, les clients d'un thérapeute (et encore plus d'un psychiatre) sont des enfants attardés, des tarés ou des fous. Pourtant on ne songerait pas à décerner ces qualificatifs à l'automobiliste qui fait appel aux services d'un mécanicien ou au futur propriétaire qui recourt à ceux d'un notaire. Il semble bien qu'on soit encore ici en présence d'un préjugé sans fondement, qui constribue sans doute à écarter de la consultation bon nombre de personnes qui pourraient en tirer profit.

Au nombre des éléments qui peuvent détourner une personne de la thérapie, on peut aussi citer la crainte du changement. Pour bien des gens, changer n'est pas naturel et reconnaître qu'on a fait fausse route leur apparaît comme profondément humiliant. C'est sans doute cette crainte qui explique au moins en partie la résistance énergique, bien que souvent subtile, qu'opposent à leur aidant bon nombre de consultants ayant entrepris une relation d'aide. Tout se passe comme s'ils tentaient désespérément de résoudre l'impossible équation qui leur permettrait de changer tout en demeurant les mêmes.

Ajoutons les difficultés que peuvent poser les questions d'horaire, de frais professionnels souvent relativement élevés, encore qu'il s'agisse probablement souvent de prétextes qui masquent les réticences plus profondes de la personne.

Malgré ces obstacles, certaines personnes désirent quand même entreprendre une thérapie. Se pose alors à elles le problème du choix de leur aidant. Il importe de se souvenir que cet aidant peut, avant n'importe qui, être la personne même qui désire de l'aide.

S'aider soi-même comporte de nombreux avantages pour celui qui peut et qui veut s'y appliquer. Il ne manque d'ailleurs pas de volumes qui proposent au lecteur des méthodes plus ou moins efficaces pour se connaître et se changer lui-même. C'est tout d'abord, sans aucun doute, la méthode la plus économique; elle demande cependant, pour être efficace, une bonne dose d'énergie personnelle et un effort de lucidité que tous ne sont pas prêts à consentir. Il vaudra mieux demeurer sur ses gardes devant des méthodes qui promettent des résultats mirobolants sans effort; l'efficacité de ces méthodes est habituellement très discutable. S'aider soi-même est sans aucun doute possible, mais n'est généralement pas facile.

Il est parfois aussi possible à la personne qui cherche de l'aide, de recourir à quelqu'un de son entourage qui puisse lui fournir l'assistance qu'elle recherche. Après tout, il s'est fait de la relation aidante sur cette planète avant qu'on ne fasse de l'aide interpersonnelle une profession.

Malheureusement, de tels aidants "naturels" sont souvent rares et difficiles à identifier. Il ne suffit pas d'être un bon ami ou un parent proche pour pouvoir apporter une aide efficace.

Reste donc la possibilité de retenir les services d'un professionnel. Encore là il s'agit pour la personne qui cherche de l'aide de se comporter en consommateur averti. Mais comment choisir, et sur quels critères s'appuyer pour opérer un choix judicieux?

Il existe un certain nombre de critères externes qui peuvent en partie guider le choix. Ainsi, si l'aidant appartient à une corporation professionnelle, ceci témoigne au moins du fait qu'il a reçu un entraînement approprié, qu'il a réussi certaines études et que son comportement professionnel est soumis au contrôle d'un comité de discipline. Ce seul critère ne suffit évidemment pas à démontrer hors de tout doute la compétence de l'aidant, mais offre tout de même une certaine garantie contre l'incompétence flagrante et l'exploitation possible. Il est en général facile de vérifier l'appartenance professionnelle de tel ou tel aidant en communiquant avec le secrétariat général de la corporation professionnelle ou de l'ordre dont il se réclame. Ainsi, au Québec, toute personne qui se réclame du titre de psychologue, de psychiatre, de travailleur social, de conseiller d'orientation, doit être inscrite au registre de la corporation concernée. Il suffit d'un coup de téléphone pour vérifier; certaines corporations, comme celle des psychologues, acceptent les frais d'interurbain et répondent ainsi gratuitement aux demandes d'information provenant de tous les points du territoire québécois. On peut aussi obtenir sur demande et sans frais la liste des professionnels d'une région donnée.

Si l'appartenance de l'aidant à une corporation professionnelle atteste au moins de son statut légal et de son droit à porter le tire professionel par lequel il se désigne, elle ne suffit pas à elle seule à garantir son efficacité. Il reste encore au consommateur la responsabilité de se former une opinion personnelle à ce sujet. Certains critères peuvent ici guider son choix. Pris isolément, aucun d'eux n'est suffisant; mais leur convergence peut faciliter un choix judicieux. Examinons les suivants:

1. l'âge et le nombre d'années d'expérience de l'aidant

Sauf exception, on accordera plus de confiance à un aidant qui pratique sa profession depuis plusieurs années qu'à celui qui vient tout juste de commencer sa carrière; ceci peut être parfois injuste pour certains jeunes aidants qui peuvent être excellents, alors que d'autres, après vingt ans de métier, sont aussi inefficaces qu'à leur premier jour de pratique; le critère semble quand même valable en général pour la plupart des cas, tant qu'il n'est pas le seul pris en considération;

2. le niveau scolaire atteint

Les corporations exigent un niveau minimum d'études de chacun de leurs membres; ainsi, on peut être psychologue au Québec si on détient au moins une maîtrise d'une université reconnue; cependant, certains psychologues ont poursuivi leurs études jusqu'à l'obtention du doctorat (D.Ps. ou Ph.D.) et offrent ainsi une garantie supplémentaire de compétence; il ne faut pas craindre de demander cette information soit à la corporation à laquelle appartient l'aidant, soit à l'aidant lui-même; si ce dernier s'en offusque, c'est déjà là une réaction que le consommateur aura avantage à peser judicieusement et qui pourra influencer sa décision finale;

3. la réputation de l'aidant

Il est parfois possible au futur aidé d'obtenir des renseignements sur un éventuel aidant de la part de personnes qui le connaissent déjà; ces témoignages sont à évaluer avec prudence, puisqu'il est possible que tel aidant ait pu convenir très bien à tel aidé mais pas beaucoup à un autre; chaque aidant compte dans sa clientèle des clients satisfaits et d'autres qui ne le sont pas et il serait imprudent de conclure de façon catégorique à partir d'un seul son de cloche; à ce chapitre, on peut ajouter que certains aidants ont publié des volumes ou des articles et qu'il est ainsi possible à un éventuel consommateur de se former une certaine opinion en lisant les écrits d'un aidant; ce critère n'est malheureusement applicable qu'à un très petit nombre d'aidants;

4. l'expérimentation directe

Il reste la possibilité de faire l'expérience directe du contact avec l'aidant; là encore, le consommateur averti gardera l'oeil ouvert et ne craindra pas de poser des questions précises; après avoir exposé les grandes lignes de ce qui vous amène à consulter l'aidant, demandez-lui clairement comment il pense s'y prendre pour vous aider et quelle méthode il entend vous proposer; ne vous contentez pas de réponses vagues comme: “Nous verrons avec le temps...”, “Vous allez comprendre à mesure...”; méfiez-vous, comme pour les livres, de l’aidant qui vous promet monts et merveilles sans expliquer clairement comment ces résultats vont être obtenus; ne vous laissez surtout pas raconter que ces choses sont trop complexes à expliquer et que c’est seulement en les vivant qu’on peut arriver à les saisir; bien que cet argument soit en partie exact, il est trop souvent employé par des aidants qui ne savent pas très bien comment s’y prendre et qui camouflent leur incertitude sous des énoncés fumeux; un aidant compétent et expérimenté devrait être capable de vous expliquer, sans faire appel à un vocabulaire technique, mais bien dans une langue que vous comprendrez, les objectifs et les procédures qu’il vous propose. Ne craignez pas de le questionner jusqu’à ce que ses idées vous paraissent claires; enlevez-vous de la tête que vous êtes dans l’état d’un suppliant devant la divinité: il n’en est rien; vous vous trouvez dans la même position que n’importe quel client qui use de prudence avant de s’engager envers un fournisseur; demandez à cet aidant de quelle approche thérapeutique il se réclame et s’il existe des volumes que vous pourriez consulter avant d’entreprendre une thérapie avec lui; l’aidant devrait être capable de répondre clairement à cette question, de même qu’aux autres que vous lui poserez à propos de ses honoraires, de la durée éventuelle du traitement, de ses principales étapes, bien que sur ces deux derniers points il sera bon de ne pas vous attendre à une précision mathématique.

Vous jugerez peut-être bon de comparer divers aidants, et pourquoi ne le feriez-vous pas? Rien ne vous empêche de prendre rendez-vous avec deux ou trois d’entre eux avant de fixer votre choix. Après tout, la démarche que vous entreprenez est au moins aussi importante que l’achat d’une voiture.

Il me semble que le point le plus important qui vous permettra de juger de l’efficacité d’une approche thérapeutique est le suivant: votre aidant éventuel vous propose-t-il une activité personnelle entre les rencontres ou, au contraire, semble-t-il croire que vous changerez presque uniquement en le rencontrant? Voilà une pierre de touche qui trompe rarement. Toute méthode qui ne fait pas appel dès le début à votre implication personnelle, à votre travail de réflexion et à votre action, a toutes les chances d'être notablement moins efficace qu'une autre qui met en valeur ces éléments. Une thérapie est fondamentalement une procédure de changement des émotions, des idées et des comportements, ces trois facettes étant d'ailleurs intimement liées entre elles. Si on ne vous parle que d'apprendre à exprimer vos émotions sans pour autant modifier celles dont la présence vous incommode, si on prétend vous amener à un mieux-être sans que vous ayez à faire le travail vous-même, si le thérapeute se présente comme une espèce de magicien qui, par la puissance de son être, va faire de vous une autre personne, si les méthodes proposées vous semblent bizarres ou ésotériques et que malgré les explications vous ne parvenez pas à en saisir la logique, *méfiez-vous*. De même si la méthode proposée exige que vous ayez de très fréquentes rencontres avec le thérapeute (plus d'une fois la semaine, pendant environ une heure), n'hésitez pas à demander les raisons de cette fréquence. Demandez clairement à l'aidant quel rôle il se propose de jouer avec vous en thérapie; vous parle-t-il seulement de vous écouter et de vous comprendre, de vous offrir chaleur et soutien amical, de vous suivre à votre rythme dans votre évolution, en un mot se décrit-il plus comme un spectateur bienveillant et passif qu'un intervenant actif et parfois bousculant? *Méfiez-vous*! Vous offre-t-il rien d'autre que ce que vous pourriez obtenir d'un bon ami? Dans ce cas, pourquoi payer pour ce que vous pourriez avoir gratuitement par ailleurs?

Supposons maintenant que vous ayez fait votre choix et que vous commenciez à rencontrer à intervalles réguliers un aidant. À quoi faut-il vous attendre?

D'abord, n'espérez pas de miracles. Ils ont toujours été rares et dans le domaine psychologique peut-être encore plus qu'ailleurs. Vous vous rendrez compte probablement bien vite, si ce n'est déjà fait, que vous avez été l'artisan inconscient de la plus grande partie de vos problèmes. Cette prise de conscience peut vous surprendre désagréablement au premier abord, mais vous aurez avantage à réaliser que cet état de choses constitue paradoxalement une excellente affaire. En effet, puisque c'est vous qui, sans le vouloir délibérément, vous êtes mis dans l'état inconfortable que vous éprouvez, il saute aux yeux que *vous* pouvez modifier cet état vous-même.

Je vous mets en garde contre un des écueils les plus fréquents de toute thérapie. Ne vous attendez pas à ce que votre thérapeute devienne un ami personnel. Il est probable et souhaitable qu'il vous accepte comme vous êtes. Il vous reconnaîtra sans doute comme un être humain ayant vécu à sa manière et doté de capacités non encore développées dont l'épanouissement lui permettra d'atteindre un meilleur niveau de fonctionnement et de joie de vivre. Il est cependant peu probable et même pas souhaitable qu'il vous aime.

Vous êtes, envers votre aidant, engagé dans une relation interpersonnelle unique, en ce sens qu'elle tend, dès son début, vers sa terminaison. Vos contacts avec lui pourront être courtois et chaleureux, mais s'ils ne sont que cela, ils ne vous permettront probablement pas d'atteindre l'objectif de libération personnelle et d'autonomie que comporte toute thérapie digne de ce nom. Vous êtes probablement entré en thérapie avec assez peu d'estime de vous-même et en nourrissant plutôt envers vous-même des sentiments de mépris et de détestation. Il n'appartient pas à votre thérapeute de vous démontrer que vous êtes un être estimable et aimable en vous aimant lui-même, mais bien plutôt de vous aider à apprendre que vous pouvez parvenir à vous *accepter* vous-même pleinement, indépendamment de l'affection et de l'estime des autres, *y compris de la sienne*. Disons les choses brutalement: la plupart des aidants n'aiment pas la plupart de leurs aidés, en ce sens qu'ils ne ressentent pas un très vif plaisir à leur contact et que leur absence ne leur cause pas de tristesse. Votre aidant aura, dans la plupart des cas, développé sa propre vie personnelle dont il ne vous fera que rarement part. Il aura déjà des amis, une famille et il est peu probable que vous jouiez un rôle important dans son existence. Il pourra vous respecter et vous accepter, mais ne vous attendez pas à ce qu'il soit votre ami. Un ami, après tout, n'est-ce pas celui sur lequel on peut compter quand on est mal pris et qui est prêt à payer personnellement de lui-même pour vous épauler? Demandez-vous si votre aidant vous prêterait $500 sans discuter, si vous le lui demandiez. Non? Mais n'est-ce pas ce que ferait un véritable ami, s'il pouvait disposer de cette somme? Demandez-vous si votre aidant accepterait de partager vos vacances, de partir en voyage avec vous, de partager avec vous des repas, des soirées? Non encore? Et il se prétend votre ami? Ne voilà-t-il pas un étrange ami? Vous feriez mieux, si vous n'avez pas d'ami, de développer des relations amicales avec d'autres personnes que votre aidant. Il pourra vous aider à le faire, mais ne comptez pas que vous occuperez dans sa vie une autre place que celle d'un consultant, ni qu'il jouera envers vous un autre rôle que celui de vous aider à vous passer de lui le plus vite possible.

Je sais bien que cela semble plutôt sec et très peu romantique, mais il me semble très important de préciser ce point très clairement. Sinon, la relation d'aide risque de se dégrader et de perdre une partie de l'efficacité à laquelle vous êtes en droit de vous attendre. Après tout, si vous avez demandé de l'aide parce que vous éprouviez, par exemple, de vifs sentiments d'anxiété, de culpabilité ou d'hostilité qui gênaient votre poursuite du bonheur, il ne vous servira pas à grand-chose de conserver ces sentiments inconfortables même si vous continuez à les vivre en relation avec un bon ami. Vous pourriez vous *sentir* mieux, mais le *seriez*-vous vraiment?

Sans doute votre aidant est-il lui-même un être humain, et il est bien possible que vous lui plaisiez sous un aspect ou un autre. Mais si des sentiments réciproques d'affection viennent nuire à l'obtention de votre véritable mieux-être, ne constituent-ils pas une ornière qu'il vaudrait mieux éviter? Si, de toute votre vie, vous n'avez que rarement ou même jamais été en contact avec une autre personne qui s'est efforcée sincèrement de vous comprendre, de vous respecter et de vous aider, il est bien possible que *vous* ressentiez beaucoup d'affection pour cette personne. Mais ne vous attendez pas à la réciproque. Ce qui ne veut pas dire que votre aidant vous traitera comme un numéro, un autre névrosé dans la liste déjà longue de ceux qu'il rencontre; mais ce qui ne veut pas dire non plus que votre absence lui pèsera terriblement, ni que vos succès et vos progrès lui permettront de ressentir une joie intense.

Ne vous attendez pas non plus à ce que votre aidant ait pitié de vous. Si vous êtes enclin vous-même à avoir pitié de vous, il serait très malheureux que votre aidant tombe dans le même piège. Un aidant efficace continuera à vous démontrer avec acharnement qu'il ne vous sert à rien de blâmer interminablement les autres et de leur attribuer la responsabilité totale de vos malheurs. Que vous le vouliez ou non, c'est vous qui en êtes en bonne partie responsable et ce serait faire fausse route que de prétendre le contraire. Votre aidant, s'il connaît son métier, sera trop occupé à vous comprendre et à trouver avec vous des moyens d'améliorer votre situation pour avoir beaucoup de temps à perdre à vous prendre en pitié.

Si vous cherchez quelqu'un qui va compatir à vos malheurs, vous dorloter et sécher vos larmes, il vaut mieux vous adresser ailleurs. La vie est loin d'être toujours facile et votre aidant le sait sans doute mieux que bien d'autres. Cela ne constitue pas une raison pour lui de pleurer avec vous, mais il sera bien plutôt intéressé à voir avec vous comment vous pouvez travailler à améliorer votre sort en vous débarrassant des idées fausses et inadéquates que vous avez appris à nourrir et en modifiant les comportements morbides qui affectent votre plaisir de vivre. Ainsi, si votre aidant ne manifeste pas de pitié à votre égard, cela peut fort bien constituer pour vous un facteur supplémentaire de confiance en sa compétence.

À ce propos, un mot sur la "compréhension". Je suis toujours étonné par la variété de sens qu'on donne à ce terme, surtout dans l'expression: "Vous ne me comprenez pas!" La compréhension de l'autre ne signifie pas autre chose que la saisie la plus exacte possible de la problématique personnelle de cet autre, notamment des émotions qu'il éprouve, de façon plus ou moins évidente. Comme on le voit, la compréhension n'a rien à voir avec l'approbation ou la désapprobation, l'accord ou le désaccord, la louange ou le blâme. Il est toujours sot pour quiconque, fût-il thérapeute, d'approuver ou de désapprouver une *personne*, chacun ayant bien le droit de vivre comme il l'entend et nul n'étant contraint d'éviter les erreurs qui, fatalement, s'introduisent dans nos vies. Cependant, il est clair que tout en reconnaissant ce droit, nul n'est pour autant tenu de donner son accord aux *actions*, aux *gestes*, aux *comportements* de quiconque. C'est une chose de reconnaître le droit de chacun de vivre à sa manière, c'en est une autre de tomber d'accord avec chacun de ses choix. Pourtant, pour bien des gens, c'est n'être pas compris que d'éprouver une désapprobation. Si M. Duval gifle régulièrement sa femme, je peux bien, comme thérapeute, m'efforcer de comprendre les sentiments d'hostilité qu'il ressent envers son épouse, saisir profondément les autres sentiments comme l'infériorité et la culpabilité qu'il ressent en posant ce geste, lui faire part de cette compréhension dans un climat d'acceptation et de respect de sa personne et de son droit à agir ainsi, sans pour autant me trouver d'accord avec sa manière d'agir qui, me semble-t-il, ne peut être que rarement appropriée ou susceptible d'amener les résultats que M. Duval recherche, surtout si parmi ces objectifs se trouve le désir d'être aimé par son épouse.

Ni miracle, ni amour, ni pitié, ni "compréhension" approbative: que reste-t-il donc? Beaucoup de travail, un grand effort de lucidité, un effort loyal de cesser de se mentir à soi-même, une volonté de porter un regard critique sur la manière dont on a vécu jusqu'à présent, l'abandon d'habitudes de pensée et d'actions chères mais débilitantes, le labeur pour acquérir de nouveaux modes de pensée et d'action plus sains et plus conformes à la réalité. À tout cela votre thérapeute sera prêt à collaborer; il s'engagera à ne pas se taire quand il croira que parler peut vous être utile; il vous fera des suggestions et vous proposera des démarches quand il pensera que cela peut vous aider. Mais jamais il ne pourra changer à votre place; jamais il ne pourra remettre en question vos propres idées à votre place, jamais il ne pourra agir à votre place. Son rôle consistera bien plus à vous proposer une méthode efficace pour modifier ce que vous voulez modifier, à vous guider et à vous soutenir dans cette démarche, à vous aider à formuler vos objectifs et à élaborer les moyens de les atteindre, un peu comme le fait un entraîneur pour un athlète. Attendez-vous donc à ce que la thérapie vous demande une bonne somme de travail, *entre* les rencontres avec votre thérapeute. Il n'y a pas de changement sans cet investissement personnel de votre part et dussiez-vous rencontrer un thérapeute pendant dix ans trois fois la semaine, vous n'obtiendriez d'autre résultat que celui de transférer graduellement le contenu de votre compte en banque dans le sien. On ne peut pas, me semble-t-il, insister trop sur ce fait, car on a affaire ici à l'une des illusions les plus tenaces et les plus répandues dans le domaine de l'aide interpersonnelle. Pour bien des gens, la thérapie ressemble à une visite chez le garagiste. Après avoir énoncé ses plaintes et avoir soumis sa voiture à l'examen du spécialiste, l'automobiliste s'en va, le garagiste répare et tout s'arrange. Eh bien! un thérapeute n'arrange *rien*. Car nul n'a accès à la vie d'un autre et nul ne peut être changé de l'extérieur. Tous mes clients à qui je rappelle cette vérité m'assurent qu'ils savent tout ça et en sont bien convaincus, mais pour beaucoup d'entre eux, il semble bien qu'il n'en soit rien, puisqu'ils continuent à se comporter passivement, semblant attendre que de quelque manière *je* les change, ou qu'ils changent tout seuls à force d'en parler. "Paroles... Paroles... Paroles...", comme dit la chanson.

Que comme consultant, vous ayez avantage à vous exprimer clairement et en toute liberté avec votre aidant, dans le but de lui permettre de mieux vous comprendre, cela ne fait pas de doute. Mais cette seule expression de vous-même n'est pas et ne peut pas être thérapeutique. Il faut absolument que s'y ajoute l'action, à la fois au niveau du changement de vos idées et de celui de vos comportements, si vous voulez arriver à un résultat tangible.

Un thérapeute compétent vous proposera donc, dès le début, de commencer à agir, de travailler à abandonner certaines idées et certains comportements que vous entretenez, et de vous engager dans des démarches que vous avez peureusement évitées jusqu'à ce jour. Il vous invitera à travailler un peu entre chacune de vos rencontres: c'est le "homework" ou travail à faire à domicile, qui ne vous coûtera rien si ce n'est votre temps et vos efforts, et qui vous rapportera plus que des centaines d'heures passées à raconter votre vie.

Certains trucs peuvent vous aider. Pourquoi ne pas demander à votre aidant, s'il ne vous l'offre pas lui-même, d'enregistrer vos propres entrevues au magnétophone? Il vous sera alors possible, si vous disposez vous-même d'un appareil, d'écouter vos entrevues à loisir chez vous. Il se pourrait qu'une deuxième ou une troisième écoute vous permette de mieux saisir ce que vous n'avez compris qu'imparfaitement la première fois. Si votre thérapeute n'est pas d'accord, demandez-lui nettement la raison de son refus.

Vous aurez aussi avantage à lire tout en poursuivant votre démarche thérapeutique. Encore ici votre thérapeute peut vous conseiller. Dans la masse de livres qui existent sur le sujet du développement de soi-même, certains ne valent pas le papier sur lequel ils sont imprimés, mais d'autres peuvent être fort utiles, à condition de ne pas croire que leur seule lecture va produire un effet quelconque.

Si tout va bien, si votre thérapeute est adroit et si vous y mettez vraiment du vôtre, vous devriez faire des progrès et ressentir du changement, presque dès le début. Ces progrès seront peut-être lents et il se peut que vous connaissiez des périodes où les choses vous sembleront aller encore moins bien qu'au début, mais, encore que cela ne soit pas inévitable, il n'y a en général pas de raison de s'alarmer. Un problème qui vous semblait simple à régler au début peut se révéler plus complexe que vous ne l'eussiez cru et vous demander plus d'efforts que prévu.

Si, après vous être vraiment impliqué et avoir travaillé sincèrement et industrieusement à vous transformer vous n'éprouvez aucun résultat, il est temps d'en parler clairement avec votre aidant. Il se peut que la méthode qu'il vous recommande ne vous convienne pas ou que par mégarde vous fassiez porter vos efforts un peu à côté de la cible. Une franche évaluation de la situation pourra alors vous permettre de décider soit de continuer votre thérapie, en rectifiant votre tir, soit de l'abandonner. Il semble inutile d'attendre des mois et encore moins des années avant de faire le point.

Voilà un peu, me semble-t-il, comment vous pourrez vous y prendre pour entreprendre une thérapie et la mener à bonne fin. Sans vous attendre à des résultats extraordinaires, vous pouvez tout de même espérer que ce travail, entrepris par vous-même avec la collaboration d'un aidant, vous donne des résultats tangibles. Quand vous commencerez à les obtenir, le temps sera venu d'allonger l'intervalle entre les visites à votre thérapeute et enfin de les interrompre. Il est probable qu'à ce moment vous aurez appris par expérience que vous pouvez modifier vos émotions, vos idées et vos actions et qu'ainsi vous détenez sur votre vie un pouvoir beaucoup plus grand que vous ne pouviez l'imaginer. Ainsi vous aurez atteint le but de toute thérapie: vous permettre d'assumer plus pleinement la gestion de votre propre existence, la capacité d'exercer plus profondément cette liberté dont on peut dire qu'elle constitue la base même de toute vie humaine.

Chapitre 3

L'usage des garde-fous en thérapie et dans la vie quotidienne

Chacun sera d'accord pour reconnaître que lorsqu'une personne se propose d'accomplir une tâche difficile, pour laquelle elle n'est que peu ou pas préparée, il vaut mieux qu'elle se prévale le plus possible de tous les éléments qui peuvent la conduire au succès. Quiconque négligerait délibérément, dans de telles circonstances, de se munir de l'équipement favorisant l'atteinte de son objectif semblerait se conduire d'une manière irréaliste et nuisible à lui-même. Les considérations d'esthétique, d'élégance, de plaisir immédiat céderont la place aux considérations d'efficacité et d'obtention du plaisir à plus longue échéance. Ainsi, si je me propose d'enfoncer un gros clou dans une pièce de chêne très dure, il est clair que j'aurai avantage à me munir d'un marteau lourd et solide, même s'il est laid, souillé d'huile et fatigant à utiliser, plutôt que de tenter d'atteindre mon objectif en employant un petit marteau élégant, léger et bien propre.

Or le changement des idées et des actions auquel chacun peut s'adonner, qu'il soit ou non en thérapie, ressemble souvent au travail qu'accomplit le menuisier enfonçant un clou dans un bois dur. Quiconque s'y est appliqué sait fort bien que se mettre une nouvelle idée dans la tête est loin d'être aisé, et que changer certains comportements demande également beaucoup d'effort et de constance. Ce travail exige sans doute de l'ingéniosité et une bonne technique, mais il requiert aussi une certaine source d'énergie brute que rien ne saurait remplacer dans la plupart des cas.

Comme chacun peut s'en rendre compte, il est souvent beaucoup plus facile de se proposer de faire une chose que de la faire effectivement. "L'esprit est prompt, mais la chair est faible". Qui n'a pas décidé, *dans son fauteuil,* qu'il ferait un succès de sa vie, qu'il parlerait avec assurance et détermination, qu'il ne se laisserait pas marcher sur les pieds par quiconque, qu'il dirait leur fait à tous les importuns? Et n'est-il pas vrai que souvent ces beaux plans demeurent lettre morte et que la personne n'en met en pratique qu'une faible partie?

La possibilité de l'usage des garde-fous s'appuie sur cette constatation de la relative fragilité du vouloir humain. Il s'agit d'une procédure très simple, mais incisive, par laquelle une personne décide de s'appliquer à elle-même telle conséquence positive ou négative selon qu'elle accomplit ou non ce qu'elle a décidé de faire.

Je vous entends tout de suite gémir qu'il s'agit de récompenses et de punitions, que vous n'êtes plus à l'école primaire, que vous n'êtes pas un chien qu'on dresse, ni un délinquant qu'on tente de corriger. Commençons par observer qu'il y a une importante différence entre, d'une part, le régime de punitions et de récompenses et, d'autre part, le système de garde-fous dont nous parlons ici. Des récompenses et des punitions sont des procédures qui sont appliquées à une personne par une autre, hors du contrôle de la première personne, alors que le garde-fou est entièrement sous le contrôle de celui qui se l'applique à lui-même. La récompense et la punition sont souvent inefficaces parce qu'elles ne sont pas décidées par la personne elle-même, ou même non acceptées parce qu'elles sont imposées de l'extérieur. Il n'en est pas ainsi du garde-fou, puisque la décision de l'ériger et de s'y tenir dépend entièrement de la personne qui se l'impose à elle-même.

Le garde-fou n'est finalement rien d'autre que la concrétisation symbolique des effets réels de l'action ou de l'inaction. Quand M. Richard se promet à lui-même qu'il va enfin demander à son patron une semaine de vacances de plus et que, à la dernière minute, il n'ose pas faire la démarche, il se cause à lui-même un dommage psychologique réel mais peu apparent. C'est en grande partie de cette façon que M. Richard continue à perdre confiance en lui-même. En effet, nous perdons confiance en nous-même tout comme nous perdons confiance dans les autres. Supposons que vous soyez hospitalisé pour plusieurs jours. Un ami vous téléphone et vous assure qu'il va vous visiter le même soir. Il ne vient pas. Le lendemain, il téléphone à nouveau, s'excuse et vous assure qu'il va venir ce soir-là. Encore une fois, il ne vient pas. Si, le lendemain, il téléphone encore et de nouveau vous promet sa visite, le croirez-vous? Votre confiance en ses promesses ne serait-elle pas sapée par le fait qu'il ne les tient pas? Ne seriez-vous pas porté à croire qu'il ne viendrait pas encore? Évidemment, il en va de même pour la confiance en vous-même. Si vous vous faites des promesses répétées et que vous ne les tenez pas, vous allez presque certainement adopter envers vous-même la même attitude de méfiance que vous adopteriez à l'égard de votre ami inconstant. Le dommage psychologique causé par une promesse faite à soi-même, mais non tenue, est donc bien réel, bien qu'il ne soit pas immédiatement apparent. Il peut être utile de le concrétiser symboliquement par l'application d'un garde-fou négatif, comme il peut être utile de concrétiser les avantages d'une promesse tenue par un garde-fou positif. Le dommage et l'avantage psychologiques sont dans ce cas réels mais diffus, alors que les garde-fous sont symboliques mais concrets.

Ainsi, M. Richard pourrait décider à l'avance que s'il accomplit la démarche redoutée de demander une semaine de vacances à son patron, il se gratifiera d'une soirée au cinéma avec sa femme et que, dans le cas contraire, il fera brûler dix de ses propres dollars. La soirée au cinéma célèbre et concrétise les avantages de la démarche, comme la destruction des dix dollars symbolise le tort qu'il se fait en reculant devant les événements au cours desquels il se fait peur à lui-même. Il se peut également que la perspective de détruire dix dollars péniblement gagnés constitue un déplaisir assez fort pour M. Richard qu'il préfère alors subir le déplaisir que lui apporte la concrétisation de la démarche.

Une forme de garde-fou particulièrement efficace consiste en ce que j'appelle le dépôt antérieur. L'emploi de ce type de garde-fou demande la collaboration d'un ami ou d'un thérapeute. Vous décidez, par exemple, que vous voulez vous affirmer davantage et traiter avec les autres de façon plus décidée. Vous concrétisez votre objectif en vous promettant de poser trente gestes affirmatifs durant une période de dix jours et vous décidez arbitrairement d'évaluer chacun de ces gestes à un dollar. Vous déposez alors entre les mains de votre comparse la somme de trente dollars, que vous avez dès lors perdue et ne pouvez récupérer qu'en posant, pour un bénéfice d'un dollar chacun, les gestes affirmatifs que vous avez décidé de poser. Après dix jours, vous rencontrez la personne qui collabore avec vous et récupérez autant de dollars que vous avez posé de gestes. J'ai souvent utilisé ce garde-fou avec des consultants et, si je ne me suis pas enrichi, ils en ont tiré souvent un grand profit. Ce type de garde-fou est particulièrement approprié quand il s'agit pour la personne d'acquérir une nouvelle attitude exigeant la répétition de nombreux actes de même nature. Dans une variante de ce système, la personne décide de se payer une chose qu'elle désire beaucoup, uniquement après avoir posé un nombre déterminé de gestes. Ainsi, Mlle Favreau convoite depuis longtemps un bracelet en or. Elle décide de se l'offrir après avoir noué conversation avec 300 personnes inconnues. Pour chaque conversation engagée, elle dépose un jeton dans un pot de verre. Quand le pot contient 300 jetons, elle s'offre le bracelet.

En plus donc de concrétiser les conséquences positives ou négatives d'un geste ou d'une abstention, le garde-fou soutient la détermination de la personne et lui permet de réaliser plus facilement ce qu'elle a décidé de faire.

Bien sûr, rien n'empêche quelqu'un de se fixer un garde-fou et ensuite de l'enjamber ou de ne pas en tenir compte. Mais c'est se tromper soi-même et faire ainsi la preuve que la décision n'avait pas vraiment été prise ou qu'elle avait été prise de façon trop générale. On ne peut pas vraiment se changer soi-même sans avoir vraiment décidé d'abord de le faire, et s'il existe des techniques et des trucs qui peuvent aider à mettre en oeuvre une décision déjà prise, il n'en existe pas qui la remplacent.

On observera également qu'on a avantage à faire porter le garde-fou sur une décision non seulement ferme mais aussi précise et limitée. C'est ce qu'on peut appeler le *contrat*. Trop de décisions ne sont jamais mises vraiment en oeuvre parce qu'elles sont formulées de façon trop générale. Comment vérifier l'atteinte d'un objectif aussi flou que l'épanouissement de soi-même, la réalisation d'une plus grande autonomie, ou le développement d'une plus grande confiance en ses propres capacités? Ce ne sont là trop souvent que de belles phrases creuses qu'on peut arriver à se répéter à soi-même, mais dont il n'est guère possible de vérifier si elles correspondent à autre chose que des mots.

Il vaudra donc mieux se fixer des objectifs plus limités et qu'on puisse atteindre en moins de temps que des années ou toute une vie. C'est moins ronflant et moins glorieux, mais c'est plus réaliste! Il vaut beaucoup mieux découper un objectif général en centaines de tranches que d'entretenir l'illusion qu'on pourra arriver d'un seul coup à une transformation radicale de ses idées et de ses habitudes.

Ainsi, Jean-Paul Lanctôt, qui se propose d'acquérir plus d'assurance et de fermeté, objectif sans doute très valable mais trop général, divisera cet objectif en fractions hebdomadaires et mêmes quotidiennes, comme de poser deux gestes affirmatifs chaque jour pendant six mois. Ces objectifs plus réduits pourront alors avantageusement être pourvus de garde-fous appropriés.

Un mot à propos de l'expression "faire son possible." Des consultants m'affirment souvent qu'ils "font tout leur possible" pour s'améliorer ou qu'ils se déclarent prêts à le faire. Il s'agit en fait d'une expression assez pompeuse qui semble surtout destinée à faire taire les sentiments de culpabilité engendrés par l'idée qu'il faut toujours faire son possible, et qu'à l'impossible nul n'est tenu. En fait, *personne* ne fait jamais vraiment *son possible*. Essayez d'imaginer ce qui se passerait si vous vous forciez vraiment pendant une seule journée à faire tout ce qui vous est possible sur un seul point donné. Vous termineriez la journée dans un état d'épuisement total et quelques jours seulement de ce régime entraîneraient probablement votre disparition.

D'autre part, *nul n'est contraint à rien,* ni au possible, ni à plus forte raison à l'impossible. Il ne s'agit donc pas de "faire tout son possible", mais bien de s'engager raisonnablement dans un certain nombre de démarches constructives qui puissent à la longue produire les résultats désirés. C'est une question de décision et non d'obligation.

Qu'on ne me parle donc pas de procéder à autant de confrontations qu'il sera utile (des centaines de fois par jour!), ni de confronter *toutes* ses idées irréalistes *chaque fois* qu'on éprouve une émotion pénible. Il vaut mieux viser des objectifs moins perfectionnistes et faire, non pas son possible, mais une partie de ce qui peut l'être. Dans ces conditions, l'emploi des garde-fous peut constituer un instrument de plus mis à la disposition d'une volonté réelle de changement qui ne se fait que peu d'illusions sur la fragilité humaine.

Chapitre 4

L'art de la confrontation

Après avoir déjà parlé de ce sujet dans plusieurs de mes livres, notamment dans *S'aider soi-même* et dans *Vaincre ses peurs*, j'éprouve le désir d'y revenir encore une fois, d'une façon plus fouillée et plus systématique, tant il me semble que la confrontation est un art qui, sans être forcément très difficile, est souvent mal compris et pratiqué avec peu de résultats par bon nombre de personnes.

La confrontation, rappelons-le, est avant tout une démarche de *comparaison*. Bien que certaines confrontations fournissent l'occasion d'affrontements, elles ne constituent pas en elles-mêmes des affrontements. On dira que le juge confronte le témoignage des témoins entre eux, c'est-à-dire qu'il les compare l'un à l'autre dans le but d'éliminer les contradictions possibles. À l'occasion de cette confrontation, il se peut bien que les témoins s'affrontent, c'est-à-dire s'opposent avec combativité les uns aux autres, mais cela ne serait qu'un résultat de la confrontation, et non pas la confrontation elle-même.

Que s'agit-il de comparer dans la confrontation dont nous parlons ici? Fondamentalement les idées, les notions, les croyances d'une part et, d'autre part, ce que l'on peut saisir de la réalité. La démarche n'a rien d'agressif ni d'hostile, elle se réclame plutôt de la précision et de l'acharnement à saisir la vérité.

On a dit que les idées mènent le monde et, pour une fois, je me trouve profondément en accord avec un dicton. Comme je l'ai déjà longuement démontré auparavant, ce sont bien les idées et les croyances qui causent directement la plupart des émotions. Les émotions, à leur tour, poussent à l'action ou à l'abstention, bien qu'elles ne les déterminent pas fatalement. Il s'ensuit donc qu'une idée, qu'elle soit vraie ou fausse, causera régulièrement une émotion quelconque. Il devient donc primordial, dans une perspective thérapeutique, de vérifier avec soin la validité des idées pour éviter que la présence d'une idée fausse ne vienne causer une émotion désagréable entraînant à sa suite une action ou une abstention inappropriée, dangereuse, délétère. La confrontation consistera en cette démarche de critique des idées, dans le but de les rectifier et d'expulser celles qui s'écartent du réel.

Le premier problème que rencontre celui qui désire s'adonner à la confrontation consiste à identifier les idées qui causent son mal. Le problème est de taille car ces idées ne se laissent que rarement saisir au premier abord. La plupart d'entre nous sommes assez peu lucides à ce point de vue, et nous éprouvons beaucoup de difficulté à saisir notre pensée sur le vif. Il y a là une espèce de travail de détective, dans lequel l'aide d'un thérapeute expérimenté peut être fort utile. C'est souvent plus par *déduction* que par *saisie* directe, que se fera l'identification de l'idée causant l'émotion. Quelques exemples aideront à comprendre ce point.

Jean-Pierre se plaint de ressentir de l'anxiété et, en fait, il en donne tous les signes extérieurs. Cette anxiété, il la ressent à propos d'un nouveau poste qu'on vient de lui confier à son travail. Quand il tente d'identifier les idées qui causent cette anxiété, Jean-Pierre ne trouve que la suivante: "Je n'aimerais pas essuyer un échec dans ce nouveau travail."

Il semble clair que cette idée ne peut à elle seule causer de l'anxiété. Tout au plus pourrait-elle se trouver à la source d'une certaine inquiétude, d'une certaine appréhension. Or, Jean-

Pierre ressent une émotion beaucoup plus marquée et intense que de l'inquiétude. Sous l'idée qu'il arrive à identifier, il est donc certain qu'il s'en cache d'autres. En fait, l'idée identifiée ("Je n'aimerais pas essuyer un échec") ne semble aucunement irréaliste: on n'arrive en effet que très difficilement à concevoir comment, dans des circonstances normales, un échec pourrait constituer une occasion de plaisir.

Les idées de Jean-Pierre sont donc probablement les suivantes:

1. "il se pourrait que j'essuie un échec",
2. "il est même très probable que cela va arriver",
3. "si j'essuie un échec, ses conséquences seront très graves et même désastreuses",
4. "moi, Jean-Pierre, je ne peux pratiquement rien faire pour prévenir cet échec: il va m'arriver fatalement",
5. "si j'essuie cet échec, cela constituera la preuve que je suis une nullité, un être méprisable, un ver de terre".

Voilà un faisceau d'idées qui sont, elles, tout à fait aptes à provoquer une forte anxiété, surtout si Jean-Pierre y croit profondément. Comme on peut le remarquer, alors que la première idée est rigoureusement exacte, la deuxième est douteuse. Quant à la troisième et à la quatrième idées, elles sont très probablement fausses. La cinquième, elle, est certainement fausse.

Il est fort possible que l'enchaînement complet des idées irréalistes en cette occasion ne soit pas immédiatement évident pour Jean-Pierre. S'il ne s'efforce que de changer la seule idée qu'il a identifiée, il n'obtiendra pas la diminution de son anxiété. Alors, malheureusement, pourra se déclencher en lui une nouvelle série d'idées qui l'amèneront à se sentir anxieux à propos de son anxiété. C'est ce qu'on peut appeler le phénomène de l'anxiété seconde. Ainsi, Jean-Pierre, devant la perspective de son anxiété, peut commencer à se dire: "C'est terrible... mon anxiété ne disparaît pas... je n'arriverai pas à faire mon travail adéquatement si je reste aussi anxieux... Ma confrontation ne me donne pas de résultats... Quel sot je suis de ne pas savoir mieux confronter mes idées... Ma confrontation à propos de mon éventuel échec est elle-même un échec... Je ne suis qu'un raté qui n'est même pas capable de confronter les idées qui l'amènent à se sentir un raté..."

Il se peut alors que l'anxiété seconde que ressent Jean-Pierre dépasse en intensité celle qu'il éprouve devant la crainte d'un éventuel échec à son travail. Il lui faudra alors s'appliquer à critiquer les idées qui donnent naissance à cette anxiété seconde avant de pouvoir parvenir à confronter celles qui causent son anxiété première. Espérons qu'il ne se donnera pas à lui-même une anxiété tertiaire qui naîtrait des idées suivantes:

"Je souffre d'anxiété seconde parce que je me dis que je suis un imbécile de ne pas arriver à confronter l'idée qu'il est épouvantable que je n'arrive pas à confronter l'idée que je vais essuyer un affreux et irréparable échec. Je suis vraiment un sot de premier ordre... Je ne m'en sortirai jamais. Comment pourrais-je vivre en éprouvant une double anxiété? C'est intolérable..."

Comme on le voit, le système peut devenir très complexe, au point que Jean-Pierre peut en venir à se sentir anxieux sans trop savoir à propos de quoi, et à vivre dans un climat général d'anxiété, chacune des émotions distinctes d'anxiété lui offrant l'occasion de générer des idées qui donnent naissance à un nouvel état anxieux. On peut schématiser l'ensemble du phénomène de la façon suivante:

OCCASION
Nouvelle tâche
à accomplir

IDÉE: (1)
"Je vais avoir un échec terrible"
"Je ne peux rien faire pour l'éviter"

▼

EFFET:
Anxiété 1

▼

IDÉE: (2)
"Éprouver cette anxiété
est terrible"
"Je n'arriverai jamais à
m'en défaire"

▼

EFFET:
Anxiété 2

▼

IDÉE: (3)
Même chose qu'en (2)

▼

EFFET:
Anxiété 3

Il est donc facile de constater qu'il est très important d'identifier correctement les idées qui causent l'anxiété initiale, pour pouvoir ainsi les combattre efficacement et éviter de s'engager dans la série des anxiétés secondaires, tertiaires, etc.

Examinons un autre exemple. Viviane déclare ressentir de l'hostilité à l'endroit de son mari, surtout quand ce dernier refuse de lui laisser partager certaines de ses propres activités, par exemple jouer au golf ou prendre un verre avec ses copains.

Quand elle tente d'identifier l'idée qui cause son hostilité, elle ne trouve que celle-ci: "Je trouve ça ennuyant de rester seule avec les enfants pendant que mon mari s'amuse".

Encore ici, cette seule idée ne peut pas causer son hostilité envers son mari. À elle seule, elle ne saurait provoquer que du désappointement, un certain sentiment d'ennui et tout au plus quelque ressentiment à l'endroit de son mari.

À l'examen, les idées de Viviane sont beaucoup plus complexes et rappellent au moins en partie les croyances suivantes:

1. "mon mari préfère accomplir certaines activités sans moi",
2. "il n'en a pas le droit, il ne doit pas le faire",
3. "s'il le fait, c'est un détestable personnage",

4. "s'il rejette ma présence, c'est moi en entier qu'il rejette",
5. "il m'aime moins qu'auparavant",
6. "cela est affreux et je ne saurais le supporter",
7. "j'ai besoin de son amour et de son attention indéfectibles et continuels",
8. "il se pourrait qu'éventuellement il me quitte pour une autre",
9. "cela serait encore atroce et je ne saurais le supporter",
10. "il est un vil individu, lui qui me cause toute cette anxiété",
11. "il ne l'emportera pas en paradis: s'il me fait souffrir, je ne me laisserai pas faire",
12. "par ailleurs, je dois être une bien misérable épouse si mon mari en préfère une autre",
13. "quelle misérable je suis! De quel droit lui refuserais-je ces quelques instants de détente, à lui qui m'a tout donné?"
14. "je ne suis pas digne de lui; mieux vaudrait que je ne l'aie jamais connu",
15. "pourquoi suis-je née? Je ne réussis qu'à gâcher le bonheur que nous pourrions vivre, par ma stupide jalousie",
16. "je ne suis même pas capable de me défaire de mon hostilité qu'il ne mérite même pas",
17. "c'est bien plutôt moi qui mérite qu'on me laisse de côté, détestable que je suis",
18. "je vais sûrement devenir folle à force d'entretenir toutes ces idées folles; je n'arriverai jamais à m'en défaire, je suis trop sotte",
19. "je n'étais pas faite pour l'épouser, ni lui ni personne; j'aurais dû demeurer célibataire",
20. "mais pourtant, c'est lui qui est la cause de tous mes malheurs; il devrait se rendre compte de ma déplora-

ble fragilité et ne pas m'imposer des épreuves que je suis incapable de supporter".

21. ...

J'arrête ici avant que le cocktail n'étouffe le lecteur, comme il était en train d'étouffer Viviane.

Comme on peut le constater, Viviane n'éprouve pas seulement de l'hostilité, mais aussi beaucoup d'anxiété, des sentiments de culpabilité, de dévalorisation personnelle, de pitié pour elle-même. Le décorticage des nombreuses idées qui s'agitent dans son esprit et la réfutation de chacune d'elles peut prendre un certain temps et beaucoup d'efforts de lucidité.

Ces deux exemples devraient suffire à montrer que l'identification des idées sous-jacentes aux émotions constitue une étape probablement difficile et complexe de la démarche totale de l'autoconfrontation. Il semble évident que beaucoup d'essais de confrontation n'apportent pas les résultats espérés en ce qui concerne le changement des émotions. C'est que les cibles que constituent les idées n'ont pas été assez nettement identifiées.

Une fois les idées correctement identifiées, le travail de confrontation proprement dit peut maintenant commencer. Plutôt que de critiquer les idées elles-mêmes, ce que j'ai déjà fait ailleurs (*S'aider soi-même, Vaincre ses peurs, L'amour: de l'exigence à la préférence*), je vais m'attacher ici à analyser un certain nombre de *types* de pensée qui sont en eux-mêmes irrationnels, quel que soit le sujet sur lequel ils portent.

1. La tautologie

Dans ce type de raisonnement, la personne assume comme démontré et évident ce qu'elle tente précisément de démontrer. À ce propos, j'ai coutume de raconter à mes clients la petite histoire idiote suivante qui leur permet souvent de saisir l'irrationalité de ce mode de raisonnement. Dans un hôpital psychiatrique urbain, un pensionnaire passe une grande partie de ses journées à faire craquer ses jointures. Un nouveau psychiatre faisant sa tournée observe le comportement et interroge le patient: "Mais pourquoi faites-vous cela, mon ami?" demande-t-il. Le patient répond: "Je vais vous expliquer, docteur. C'est pour éloigner les éléphants". "Mais, répond le médecin, il n'y a aucun éléphant en vue!" "Vous voyez bien, rétorque le patient, *ça marche*!"

On voit tout de suite que ce qu'il s'agit de prouver, c'est-à-dire l'efficacité du craquement de jointures comme moyen d'éloigner les éléphants, est assumé démontré et évident avant même que la démonstration en soit faite.

Dans la réalité de tous les jours, on retrouvera cette erreur dans des énoncés comme les suivants: "Je dois faire toujours ce qu'il y a de mieux parce que c'est ainsi que mes parents m'ont éduqué..." "Il est inévitable que je m'irrite quand je suis frustré, parce que je ne peux pas supporter la frustration." "Je ne peux pas changer mes idées parce qu'elles sont inchangeables..." "Je ne peux pas calmer mon anxiété parce qu'elle est causée par les actions de mon mari et que je ne peux pas l'empêcher d'agir comme il le fait." "Je ne peux pas ne pas me sentir coupable, puisque j'ai fait des choses culpabilisantes..." "Je me sens blessé par les paroles des autres, parce qu'ils me disent des paroles blessantes." "Je suis traumatisé parce que j'ai vécu des événements traumatisants."

Il arrive souvent que la personne apporte comme preuve de l'exactitude de ses croyances le fait qu'elle se *sent* de telle ou telle manière. "Je sais que je ne vaux rien, parce que je sens que je ne vaux rien." "Je sais que ma femme m'en veut parce que je ressens son hostilité." "Je sais que je n'y arriverai jamais, parce que je m'en sens incapable."

Évidemment, un tel raisonnement ne prouve rien, si ce n'est la validité de la théorie émotivo-rationnelle selon laquelle les idées et les croyances causent les sentiments et les émotions. Une fois que je *crois* que je suis incapable de faire une chose, je vais me *sentir* incapable de l'accomplir, mais le fait que je me *sente* incapable de l'accomplir ne prouve pas que j'en sois *en fait* incapable, mais uniquement que je m'en *croie* incapable. Si je *pense* que je ne vaux rien, je vais me *sentir* sans valeur, mais ce sentiment ne démontre pas autre chose que ma croyance, et non pas le fait lui-même. Comme je l'ai souvent dit à des consultants, si je *croyais* être Napoléon, je me sentirais comme je *pense* que Napoléon *se sentait* (hostile, décidé, frondeur, ambitieux, autoritaire) et je serais porté à agir comme je *penserais* que Napoléon aurait agi (commander, ordonner, me mettre en colère, etc). Ces sentiments et ces actions ne prouveront évidemment pas autre chose que je me *prends* pour Napoléon, et non pas que je le suis en fait. Or, pour beaucoup de gens, ce qu'ils *sentent* et *font* prouvent ce qu'ils *sont*, et ce qu'ils *sont* les amène à éprouver les émotions qu'ils ressentent et à poser les gestes qu'ils posent. Il s'agit d'un raisonnement totalement circulaire, sans aucune valeur.

2. Jouer sur les mots

Un autre mode de pensée très répandu consiste à jouer sur les sens divers que peuvent revêtir certains mots. Il s'ensuit évidemment une confusion parfois presque inextricable. Prenons un terme comme "aimer". S'agit-il d'un amour amical, ludique, maniaque, érotique, altruiste, ludico-maniaque, érotico-amical, amico-ludico-érotique? Selon qu'on prend le mot dans un sens ou dans l'autre, il sera possible de dire à la fois qu'une personne en aime une autre et qu'elle ne l'aime pas. Ou encore les multiples sens du verbe "devoir", par exemple dans la phrase: "Tu devrais cesser de boire de la bière". Il y a au moins quatre sens à cette phrase:

a) la suggestion: "Tu ferais mieux, tu aurais avantage, je pense que ce serait bien que tu cesses de boire";
b) la relation de cause à effet: "Si tu ne veux pas ruiner ton foie, tu devrais cesser de boire." "Si tu veux faire des économies, tu devrais cesser de boire...";
c) le devoir moral absolu: "Tu dois cesser de boire";
d) la conclusion logique: "Comme je te connais et voyant tes efforts et ta détermination, tu devrais (il est probable) cesser de boire", dans le même sens que dans la phrase suivante: "Comme il y a beaucoup de nuages noirs et qu'on entend le tonnerre, il devrait pleuvoir bientôt."

Le mode de pensée qui consiste à confondre tous les sens possibles d'un terme, à ne pas tenir compte des sens divers qu'un terme est susceptible de revêtir, ou à nier qu'il y ait plusieurs acceptions possibles d'un même mot, conduit évidemment à la confusion.

3. L'argument d'autorité

Il consiste à soutenir que telle idée ou telle croyance est vraie parce qu'elle est affirmée par une personne ou un groupe de personnes estimées, respectées ou craintes par la personne qui se réclame de l'argument d'autorité. En bref, l'argument est le suivant: "Puisque X est une personne honnête, sincère, bien renseignée et bienveillante, ce que dit X est donc vrai et exact." L'argument assume que les diverses qualités de X, réelles ou supposées, l'immunisent contre l'erreur, ce qui, bien sûr, ne constitue pas une déduction logique, puisque nul n'est à l'abri de l'erreur.

Il se peut que ce recours à l'autorité soit en partie fondé sur l'anxiété engendrée par le syllogisme suivant:

> "Quiconque se trompe est un imbécile. Or, X n'est pas (et ne doit pas être) un imbécile car alors j'en serais un moi aussi, ayant depuis des années adhéré aux enseignements d'un imbécile.
>
> Donc, X ne se trompe pas et ce qu'il dit est vrai."

On remarquera sans difficulté que les personnes qui ont le plus souvent recours à l'argument d'autorité sont également celles qui ressentent le plus d'anxiété à la pensée de commettre une erreur. C'est souvent le cas dans le domaine moral ou religieux.

L'autorité incontestable est ici définie comme celle de Dieu ou de l'Église, comme porte-parole autorisé et infaillible des volontés de la divinité.

Le raisonnement suivant peut alors se former:

"Ce que je crois, c'est ce qu'on m'a enseigné. Or, on m'a enseigné que je ne dois user de ma sexualité que dans le contexte d'un mariage officiellement reconnu par l'Église. Cette croyance me fait souffrir chaque fois que je m'écarte de ce précepte. J'aurais donc avantage, semble-t-il, à me défaire de cette croyance. Mais pourtant non, puisque cela serait une erreur aux suites encore plus douloureuses que la croyance. L'Église ne peut pas se tromper en enseignant l'abstention sexuelle, car alors tout l'édifice de la foi s'écroule, et que deviendrais-je alors? je préfère continuer à souffrir en croyant, que de tomber dans la souffrance plus grande qu'entraînerait mon incroyance."

Toute cette argumentation repose en fait sur la tautologie suivante: "L'Église doit être infaillible, sinon elle ne serait pas l'Église. Comme elle est l'Église, elle est donc infaillible".

4. La fausse analogie

Autant l'analogie peut être un instrument didactique utile permettant de faire comprendre un point de vue, autant on peut, consciemment ou non, l'utiliser pour créer de la confusion. Sont désignés comme analogiques deux éléments qui sont en partie identiques et en partie différents. Si on oublie qu'ils sont en partie différents, on tombe dans l'illogisme. Ainsi, des phrases comme: "Tel père, tel fils" ou "Qui se ressemble s'assemble", "Les hommes sont de vrais cochons", peuvent mener à tirer des conclusions injustifiées. Si Mme Dubois se persuade que son fils est "comme son père", paresseux, buveur, braillard, il ne lui sera que trop facile d'oublier de considérer les éléments qui distinguent le fils du père, et donc de développer à l'égard du fils les mêmes attitudes que celles qu'elle a développées à l'égard du père.

5. La généralisation hâtive

La généralisation consiste à conclure que ce qui est vrai d'une partie est également vrai de l'ensemble dans lequel cette partie est insérée. La généralisation constitue une démarche logique souvent parfaitement justifiée qui nous permet de gérer plus facilement notre vie. Ainsi, il est bien commode qu'on puisse, sans grand risque d'erreur, conclure que la plupart des vaches donnent du lait, que ce lait en est en général comestible et que si on en agite assez longtemps la crème, on obtiendra du beurre. C'est quand la généralisation est injustifiée qu'elle devient dangereuse et illogique. Ainsi, l'un de mes consultants concluait qu'il serait toujours rejeté par les femmes après avoir essuyé deux refus de la part de la même femme. Si la même femme l'avait rejeté dix fois de suite, il aurait probablement pu conclure qu'*elle* continuerait à le faire, mais non pas que *toutes* les femmes dans *toutes* les circonstances le feraient également. Un autre croyait fermement que, puisqu'il avait échoué à sa première année de droit, il en serait encore de même s'il la reprenait.

6. L'illogisme ordinaire

Il s'agit du phénomène très fréquent par lequel une personne tire une conclusion de prémisses qui ne la supportent pas. Ainsi, des phrases comme: "Puisque mon mari ne m'aime pas, je *suis* une personne non aimable"; "Ceux qui ne me donnent pas ce que je désire *sont* de beaux salauds"; "Si j'échoue mon examen, c'est que je *suis* un raté"; "Si mon fils tourne mal, cela voudra dire que *j'ai été* une mère incompétente". On remarquera que, dans chaque cas, on se trouve en présence d'une définition complètement arbitraire. La femme non aimable est définie comme celle que son mari n'aime pas, le salaud comme celui qui refuse de se plier aux désirs d'un autre, le raté comme celui qui échoue à un examen et la mère incompétente comme celle dont le fils "tourne mal" (en quel sens?). On pourrait tout aussi bien, de manière aussi justifiée, définir la femme non aimable comme celle qui n'est pas aimée par son patron, le salaud comme celui qui reprend deux fois du dessert, le raté comme celui qui n'obtient que 70% et la mère incompétente comme celle dont le fils devient poète alors qu'elle souhaitait le voir ingénieur.

Ces définitions arbitraires constituent la source d'un nombre incalculable de problèmes psychologiques et plus particulièrement de nombreuses dépressions. Il y a autant de définitions du sot, de l'imbécile, du méchant, du salaud que de gens sur cette planète. La confusion provient du fait que ce qui est une opinion est considéré comme une réalité. Comme, *en réalité*, les imbéciles, les idiots, les méchants et les salauds *n'existent pas*, pas plus d'ailleurs que les bons, les gentils et les adroits, il s'ensuit que tous ces qualificatifs ne peuvent s'employer, et encore avec prudence et circonspection, qu'à propos des actes des personnes, mais non à propos des personnes elles-mêmes dont la complexité empêche toute définition valable.

7. La simplification outrancière

Il s'agit de la démarche par laquelle on laisse de côté la complexité réelle des choses et des gens pour énoncer des jugements tranchants et catégoriques. On rangera dans cette catégorie les énoncés en termes de blanc ou de noir, de 100% ou de 0%. "M. Dupont est un parfait gentleman"... "C'est une entière réussite."

Une autre erreur fréquente dans la même veine consiste à tenir pour cause d'un événement un autre événement qui lui a été antérieur, uniquement parce que ce dernier a précédé le second. "Ce qui vient après est causé par ce qui vient avant". Il s'agit là d'un principe dangereux et qui ne doit être employé qu'après vérification, la réalité se révélant souvent beaucoup plus complexe qu'il n'apparaît d'abord. Ainsi, si Marcel perd son emploi après s'être disputé avec son patron, sa mise à pied n'est pas nécessairement causée par la dispute. Si le jeune Guillaume commet des actes criminels à 18 ans, cela n'est pas nécessairement dû totalement ou même en partie à la manière dont ses parents l'ont éduqué. L'étude des causes d'un événement quelconque est la plupart du temps très complexe et une simplification à outrance ne rend habituellement pas compte de la réalité.

8. La personnification des abstractions

On la retrouve dans des phrases comme: "L'humanité se dirige vers l'abîme..." "La société nous empêche de..." "La foi nous enseigne que..." "La science nous amène à conclure...". Toutes ces expressions présentent des données d'une extrême complexité (l'humanité!) comme s'il s'agissait d'éléments simples, facilement compréhensibles. Il vaut mieux se rendre compte de cette complexité. "La science nous amène à conclure..." Quelle science, quels savants? Sont-ils tous d'accord? Et qui sont-ils? Et quels sont leurs arguments?

9. Le fanatisme verbal

Il ne s'agit pas nécessairement du fanatisme de l'énergumène qui brandit un drapeau sous la mitraille. Il s'agit plutôt de cette pensée qui est exprimée de telle manière qu'on ne puisse pas trouver de moyen d'en démontrer l'éventuelle fausseté. Ainsi, si j'affirme que dans trois cents ans, la civilisation humaine aura disparu de la planète, il n'existe en effet aucun moyen de démontrer que cette assertion est vraie, ni qu'elle est fausse. Dans la réalité quotidienne, quand M. Duchesne affirme qu'il est certain que sa femme l'aime, il n'est pas non plus possible de démontrer que cela est vrai ou faux. Il ne sert à rien de demander à Mme Duchesne ce qu'il en est; elle peut répondre "oui" et se tromper elle-même sur son propre sentiment, ou encore mentir. Quand Mme Duval affirme que c'est sa foi qui lui a permis de traverser les épreuves qu'elle a récemment subies, il est également impossible d'arriver à savoir si cela est vrai ou faux.

Dans de nombreux cas, le fanatisme verbal n'a pas de conséquences sérieuses, mais il n'en va pas toujours ainsi. Qu'on pense aux nombreux cas où des personnes se sont engagées dans un mode de vie, par exemple la vie religieuse, parce que, disaient-elles, elles y étaient appelées. Naturellement, il n'existe aucun moyen de démontrer que cet appel existe ou n'existe pas, puisqu'il s'agit, par hypothèse, d'un phénomène strictement personnel excluant toute vérification externe. Il s'agit d'un système complètement circulaire se rapprochant de la tautologie: "Je suis devenue religieuse parce que j'ai été appelée et, si je suis religieuse et le demeure, cela prouve que j'ai été appelée". Un tel raisonnement peut avoir des conséquences sérieuses sur la vie d'une personne.

Ce fanatisme abonde évidement dans le domaine religieux, mais aussi dans les domaines politique, sociologique, psychologique, médical, etc. On le retrouve autant dans des phrases comme: "Vive le Québec libre" que dans d'autres comme: "Pour un Canada fort". L'athée comme le vrai croyant en sont tous deux victimes. Celui qui affirme: "Toute la médecine du monde ne remplacera jamais la nature" y tombe autant que celui qui déclare que la science réglera tous les problèmes.

Voilà donc certains types de pensée qui viennent fausser la perception du réel et qui sont susceptibles de causer des dommages psychologiques plus ou moins considérables à celui qui s'y laisse empêtrer.

Devant un contenu de pensée, la démarche de confrontation amènera à se poser des questions comme celles-ci: "Où est la preuve de ce que j'affirme? Quels sont les faits qui appuient cette assertion? Quels sont ceux qui l'infirment? Est-il bien certain que je puisse tirer cette conclusion? Sur quoi suis-je en train de fonder mon opinion?"

C'est en s'efforcant de répondre clairement et honnêtement à ces questions que l'on peut amorcer le véritable travail de confrontation.

Comme on peut le voir, cette démarche est très différente de celle que propose l'autosuggestion. Dans l'autosuggestion, il s'agit avant tout de tenter d'entretenir des idées "positives" encourageantes, optimistes, sans se préoccuper de leur degré de concordance avec le réel. Celui qui s'autosuggestionne se répète des phrases comme: "Mais oui, je suis capable de le faire." "Mais oui, ça va bien aller..." "Chaque jour, et de plus en plus, je deviens fort et capable d'affronter les difficultés de l'extérieur..." "Mais oui, mon mari m'aimera toujours..." "Mais oui, j'aurai une belle vieillesse","Mais oui, les difficultés s'aplaniront avec le temps..."

Quoique cette démarche puisse soutenir le moral pendant un certain temps, elle est loin d'être à la longue aussi efficace que celle que propose la confrontation. Comme elle affirme sans preuve, il reste toujours la possibilité pour l'esprit d'entretenir un doute que des heures d'autosuggestion n'arrivent pas à faire taire. Pour être efficace, l'autosuggestion doit donc être presque incessante, ce qui, en pratique, présente de nombreux inconvénients et finit à la longue par devenir un peu ridicule. Il s'agit finalement d'une méthode coûteuse et peu élégante, dans laquelle l'idée irréaliste n'est pas vraiment extirpée, mais plutôt seulement recouverte par une autre idée plus agréable à entretenir.

Comparons les deux démarches à propos d'un même événement.

Le mari de Pauline perd son emploi. Pauline ressent alors de l'anxiété et une certaine hostilité envers lui.

Si elle se livre à l'autosuggestion, elle pourra se répéter des phrases comme celles-ci: "Ce n'est pas si grave... Il va sûrement se trouver un autre emploi, encore plus valable, plus lucratif que le précédent. Ce n'est pas sa faute si on l'a congédié... Il a toujours fait son possible... C'est un si brave homme, au fond... Il a bien des défauts, mais il nous aime bien, moi et les enfants... Ça va bien aller... Le bon Dieu ne nous laissera pas tomber... C'est une épreuve difficile, mais nous en sortirons grandis, plus unis et plus forts... Courage, Pauline, souris à la vie et la vie te sourira..."

Loin de moi l'idée de tourner en ridicule cette démarche qui peut, après tout, soutenir au moins pendant un certain temps le courage de Pauline et l'empêcher de désespérer. Je veux simplement montrer que, si Pauline a le malheur de se mettre à penser avec un peu de précision, la fragilité de tout son édifice de pensée positive risque de lui apparaître, ce qui pourrait bien entraîner son écroulement. Ainsi: qui dit que cet événement n'est pas très grave? Ne peut-il pas au contraire avoir des conséquences très fâcheuses? Qui dit que Paul va se trouver un autre emploi? Et cet emploi sera-t-il meilleur que celui qu'il a perdu? Comment le savoir avec certitude? Comment prouver que la perte de son emploi n'est pas en partie due à ses propres erreurs, à des gestes inadéquats de sa part? Est-il vraiment exact qu'il fait toujours son possible et qu'il continuera toujours à faire de même? Est-il vraiment un si brave homme? N'a-t-il pas au contraire des défauts que j'essaie vainement d'oublier? Qu'est ce que ça veut dire: "Il nous aime bien, moi et les enfants"? Nous aimait-il vraiment cette fois où il s'est saoulé à mort? N'a-t-il pas d'autres défauts que je ne vois pas? Après tout, je ne le vois pas à son travail. Est-il bien vrai que Dieu s'occupera de nous et réglera nos problèmes? Quelle preuve avons-nous que nous allons sortir grandis et unis de cette épreuve? Ne voit-on pas le contraire arriver souvent? Et qu'est-ce que c'est que cette vie qui est censée me sourire si je lui souris assez longtemps?"

Dans la même situation, la démarche de confrontation pourrait se présenter comme suit.

Idées irréalistes	*Idées réalistes*
Cette perte est un événement qui aura de graves conséquences.	Ceci est douteux. Les conséquences seront peut-être graves ou peut-être négligeables. Je n'en sais rien encore.
Si les conséquences sont graves, je ne pourrai pas y faire face.	Si les conséquences sont graves, je ne vois pas pourquoi je ne pourrais pas y faire face, fût-ce avec difficulté.
Cela n'aurait pas dû nous arriver. C'est injuste.	Rien n'est injuste. Tout arrive comme cela arrive et il n'y a

pas de raison pour que la réalité nous traite autrement qu'elle ne le fait. Nous ne sommes pas un "cas spécial" et jamais on ne m'a garanti que les tracas me seraient épargnés.

Il aurait dû faire plus attention et éviter d'irriter son patron.

Il a parfaitement le droit de faire des erreurs comme tout le monde, même si ces erreurs ont des conséquences ennuyantes et pénibles.

C'est un imbécile et un imprévoyant.

Il peut agir de façon stupide et imprévoyante, mais il ne peut pas être autre chose qu'un être humain faillible et imparfait.

C'est par sa faute qu'il a perdu son emploi.

Il se peut bien qu'il en soit responsable en tout ou en partie; cela ne prouve pas qu'il aurait dû s'y prendre autrement, mais seulement que cela aurait *peut-être* été préférable.

Il ne nous aime pas assez pour faire des efforts.

Cela est peut être vrai, mais rien ne dit qu'il le devrait. Par ailleurs, je n'ai pas strictement *besoin* de son amour, pas plus que les enfants, même si je préférerais qu'il nous le donne.

Dieu nous abandonne et nous punit de nos péchés.	Cela est indémontrable. Je n'en peux rien savoir.
Je dois sourire à la vie.	Je n'y suis pas obligée et j'ai bien le droit de réagir comme je l'entends. Il est peut-être vrai que j'aurais avantage à garder le sourire, mais pas plus.

Comme on peut le constater, les deux démarches sont bien différentes. Je ne nie pas que l'autosuggestion puisse apporter des effets émotifs intéressants et valables, mais je soutiens que ces résultats sont obtenus d'une manière inutilement fatigante, sans cesse à reprendre et somme toute assez aléatoire. La confrontation, au contraire, me semble susceptible de procurer plus sûrement des résultats émotifs plus stables et d'amener une sérénité plus profonde parce qu'elle se fonde résolument sur des pensées réalistes, précises, *démontrables*.

Il y a maintenant bien des années que je me livre à l'exercice de la confrontation pour mon propre compte et que j'aide d'autres personnes à se parfaire dans cet art. Je puis vous assurer que cette démarche apporte des résultats positifs, bien qu'ils ne soient pas toujours aussi faciles à obtenir qu'on pourrait le souhaiter. Il est évident que la confrontation demande un effort de lucidité que d'autres méthodes ne requièrent pas. Mais il est faux de prétendre qu'elle exige des capacités intellectuelles exceptionnelles ou une culture étendue. Je l'ai vue pratiquée avec succès par des personnes dont le bagage intellectuel et culturel était fort modeste.

Il est cependant exact que, pour donner des résultats tangibles, la confrontation doit être pratiquée avec persistance et régularité, et être suivie d'une *action* appropriée. C'est se faire illusion que de penser qu'un exercice occasionnel et bref de cette démarche pourra apporter autre chose que des résultats occasionnels et brefs.

Quand un être humain a entretenu pendant des années une foule d'idées irréalistes dans son esprit, il vaut mieux ne pas s'attendre à ce qu'il s'en défasse en quelques minutes, par quelques rapides et superficielles confrontations.

D'autre part, le sceau d'une confrontation vraiment réussie se trouvera régulièrement dans l'action qui en découlera. Les plus belles et justes constructions de l'esprit restent suspectes si l'action ne vient pas les confirmer. Ainsi, si Bernard Laporte travaille à se convaincre qu'il a le droit de demander à son patron une demi-journée de congé, qu'il ne peut rien lui arriver de pire que d'essuyer un refus, que ce refus n'aurait rien d'horrible et qu'il n'a pas besoin de l'affection indéfectible de son patron pour vivre heureux, mais que par ailleurs il ne se décide jamais à passer à l'action et à demander effectivement un congé, on pourra mettre en doute la validité de sa confrontation. L'action sans la confrontation est souvent possible et utile, bien que souvent plus fatigante que si elle a été précédée d'une démarche d'extirpation des idées génératrices d'émotions inconfortables, mais la confrontation non suivie d'action risque de demeurer un pur jeu de l'esprit par lequel quelqu'un se répète à lui-même des idées réalistes sans vraiment y adhérer.

Pour être vraiment efficace, la confrontation demande d'être faite avec précision et constance. C'est pour cette raison que je recommande toujours à mes consultants de s'y appliquer d'abord *par écrit*, en y consacrant un moment de façon régulière. Ceux d'entre eux qui font les progrès les plus intéressants sont ceux qui consentent à se plier à cette discipline, à prendre humblement papier et stylo et à s'asseoir dans un coin tranquille pour se mettre résolument à la tâche de modifier leurs idées fausses. Je recommande à chacun de rédiger ces confrontations régulièrement, chaque jour si possible (et c'est presque toujours possible si on le veut vraiment!) et d'en constituer un cahier. Il est en effet fort possible que la même confrontation puisse servir à nouveau dans des circonstances analogues. Cette technique permet également à la personne de constater l'évolution de ses idées et de vérifier les progrès qu'elle accomplit, ce qui est plus encourageant que n'importe quelle bonne parole.

Certains consultants me disent parfois qu'ils n'ont pas eu à rédiger de confrontations parce que ne sont pas survenus dans leur vie, pendant une certaine période, des événements à l'occasion desquels se soient déclenchées leurs idées irréalistes. N'est-ce pas alors le temps de profiter de l'accalmie pour faire un travail de prévention? C'est sans doute le temps d'éteindre le feu quand il flambe, mais n'est-il pas également judicieux de rebâtir sa maison de façon à la rendre moins inflammable quand elle ne flambe pas? Ces périodes de calme émotif pourraient donc être utilisées avec avantage à poursuivre et à travailler à extirper les idées irréalistes momentanément inactives bien que toujours présentes. C'est également le temps de s'engager avec encore plus de facilité et peut-être de profit dans l'action.

À mesure que la pratique de la confrontation écrite permet à son auteur d'y devenir plus habile, elle lui offre la possibilité d'utiliser la même démarche mentalement, au moment même où se produisent les événements qui déclenchent ses idées irréalistes. C'est alors que le patient exercice des mois qui ont précédé donne les plus agréables résultats. Il devient alors possible d'éprouver pendant de plus courts laps de temps des émotions désagréables dont la présence pouvait auparavant perdurer pendant des heures, des jours ou des semaines.

Ainsi, si vous voulez obtenir des résultats enviables, mettez-vous courageusement au travail. Quand bien même vous ne consacreriez que quinze minutes par jour à identifier les idées que vous entretenez à propos des événements de votre vie et à vous efforcer avec clarté, précision et acharnement de les critiquer et d'extirper celles qui vous apparaissent irréalistes pour les remplacer par des idées plus vraies en fonction desquelles vous vous efforcerez de poser des gestes concrets, ces quinze minutes pourraient suffire à transformer graduellement votre vie. Ni magie, ni miracle, mais un plus grand bonheur intérieur obtenu par vos propres efforts.

Chapitre 5

Comprendre la dépression

Depuis que je pratique la psychothérapie, je pense qu'il ne s'est pas passé de jour que je ne reçoive en entrevue au moins une personne qui déclarait se sentir déprimée, abattue, sans entrain, triste, coupable. La dépression est sans doute l'état émotif inconfortable le plus répandu après l'anxiété; il nous affecte tous à certains moments, mais de façon bien variable. Certains ne connaissent que de brefs moments de découragement et d'abattement, alors que chez d'autres, ces périodes où ils se sentent "à plat" peuvent durer des mois et même des années. Ce chapitre veut vous permettre de mieux comprendre le fonctionnement des mécanismes psychologiques présents dans toute dépression et examiner avec vous des moyens pratiques d'y remédier.

Commençons par rappeler que la dépression peut avoir des causes physiques. Si la dépression se produit sans qu'on puisse identifier l'événement déclenchant, si on ne parvient pas à identifier le moment où elle a commencé à se manifester, il se peut qu'elle soit au moins en partie d'origine physique. Il vaudra mieux alors consulter un médecin qui découvrira peut-être que vous souffrez d'hypoglycémie, c'est-à-dire d'une insuffisance de sucre dans le sang. Les personnes qui souffrent d'hypoglycémie se sentent agitées, étourdies, irritables ou déprimées, ou tout cela ensemble. Un changement de régime alimentaire pourra améliorer rapidement la condition de ces personnes. En plus de l'hypoglycémie, une variété d'autres troubles physiques peuvent causer en tout ou en partie des réactions dépressives.

En l'absence de causes physiques, la dépression peut être due à des causes psychologiques que nous allons maintenant explorer.

1. La culpabilité

La culpabilité est un sentiment qui a pour cause l'idée suivante: "J'ai fait quelque chose que je n'aurais pas dû faire" ou "Je n'ai pas fait une chose que *j'aurais dû* faire." Il est essentiel au développement de la culpabilité que soit entretenue dans l'esprit de celui qui la ressent la croyance qu'il a violé une *ordonnance* ou qu'il s'est abstenu d'une *obligation.*

La plupart de mes consultants qui se sentent déprimés se sentent également très coupables, ce qui n'est pas surprenant, puisqu'il n'existe pas de meilleure méthode pour se déprimer que de s'adresser à soi-même des reproches. La plupart d'entre eux croient également qu'ils se sentent coupables parce qu'ils ont fait quelque chose de mal, alors qu'en fait leur culpabilité n'est pas causée par cette croyance, mais par l'idée sous-jacente que le mal est *interdit* alors que le bien est *obligatoire.*

Si on y pense de façon réaliste, il peut être possible de distinguer, encore qu'avec difficulté, ce qui est bon de ce qui est mauvais. On pourrait probablement arriver à s'entendre pour définir comme bon tout acte qui apporte à son auteur et à son entourage un profit quelconque dans la ligne de sa propre nature, et comme mauvais, tout acte qui leur apporte un déficit quelconque dans la même ligne. Restera un certain nombre d'actes dont on ne pourra pas conclure qu'ils apportent bienfait ou déficit et qu'on pourra classer comme indifférents. Ainsi, apprendre à lire à un ignorant, soigner un malade, aider un infirme seront classés parmi les actes bons. D'autre part, écraser la queue du chat, battre sa femme ou gifler un enfant seront classés comme mauvais. Enfin, boire dans un verre à pied plutôt que dans un gobelet, porter un pantalon jaune plutôt qu'un vert, se brosser les dents à huit heures plutôt qu'à dix heures seront régulièrement des actes indifférents.

Si un être humain se borne à constater qu'il pose des actes des trois genres, il ne ressentira jamais de culpabilité, ni non plus de vanité. Tout au plus pourra-t-il se sentir joyeux et heureux d'avoir posé des gestes bons, en constatant les heureux résultats de ces actes pour lui-même et pour les autres, triste et désappointé d'avoir posé des gestes mauvais, en constatant leurs effets nocifs. Il ne ressentira de culpabilité que s'il croit qu'il *aurait dû* poser des gestes bons et qu'il *n'aurait pas dû* poser des gestes mauvais.

Cette deuxième croyance, universellement répandue, ne repose en fait sur rien de réel. Une lecture soigneuse et approfondie du réel ne nous révèle jamais qu'il soit *interdit* de faire une chose ou *obligatoire* d'en faire une autre. Tout ce que le réel peut nous révéler, c'est que certains gestes sont bons, d'autres mauvais et d'autres enfin indifférents, mais jamais il ne pourra dire autre chose. On pourra conclure qu'il est préférable, parce qu'avantageux, de pratiquer le bien et d'éviter le mal, mais il est abusif de conclure que, parce qu'une chose est préférable et avantageuse, on *doit* la faire, comme il est abusif de conclure que, parce qu'une autre chose est désavantageuse, on *doit* s'en abstenir. Le mieux est seulement mieux; il n'est pas obligatoire. Le pire est seulement pire: il n'est pas interdit. En fait le réel ne nous permet rien, ne nous oblige à rien, ne nous interdit rien. En conséquence, nul être n'est jamais coupable de rien, bien qu'il soit l'auteur conscient ou inconscient des gestes qu'il pose lui-même.

Je sais que cette philosophie en fait sursauter plus d'un. L'idée que le mal est interdit et ne doit pas être accompli est l'une des idées fausses les plus profondément ancrées en nous. Toutes les lois interdisent ce qu'elles définissent comme mauvais et obligent à ce qu'elles considèrent comme bon. Mais qu'est-ce qui rend obligatoire l'observance de la loi? La loi elle-même? Mais c'est alors une tautologie qui revient, pour le législateur, à dire: "Telle chose est interdite parce que je dis qu'elle est interdite, et telle autre est obligatoire pour la même raison." Cet argument n'a évidemment aucune valeur. Autant il existe de démonstrations possibles qu'une chose peut être utile, avantageuse, bénéfique et qu'une autre peut être nuisible, autant il n'en existe aucune qui permette de conclure que la première est obligatoire alors que la seconde est interdite. Or, quand une personne se sent coupable et ainsi est déprimée, elle ne fait pas que *constater* que certains de ses gestes ont été mauvais, et le déplorer, elle se les reproche, ce qui ne peut avoir de sens que si on assume qu'elle croit qu'elle n'aurait pas *dû* les poser. Cette croyance est absolument gratuite et aucune démonstration logique ne peut en prouver la validité.

En plus de ces considérations philosophiques, il existe d'autres raisons qui démontrent qu'un être humain n'est jamais justifié de se blâmer lui-même. D'abord, la sottise humaine. Constatons que tous les êtres humains sont limités quant à leur intelligence; certains de façon générale, d'autres dans certains domaines en particulier. Ainsi, si un enfant retardé, en jouant avec des allumettes, met le feu à un édifice et que cinquante personnes périssent dans l'incendie, nul ne sera porté à le lui reprocher puisqu'on conclura habituellement qu'il n'était pas suffisamment intelligent pour prévoir les conséquences désastreuses de ses actes. Vous qui me lisez n'êtes probablement pas déficient mentalement si vous parvenez à me lire et à suivre mon raisonnement. Mais n'avez-vous pas des points faibles, ne vivez-vous pas des situations que vous n'arrivez pas à comprendre et où vous commettez régulièrement des erreurs tout simplement parce que vous ne possédez pas suffisamment d'intelligence pour les comprendre? Je n'ai, pour mon compte, jamais rien compris à la chimie, ni eu de talent pour jouer d'un instrument de musique. Cela fait-il de moi un ver de terre, un être ignoble, même si ces limites pourraient m'amener à poser des gestes qui entraîneraient des conséquences désastreuses pour moi-même et les autres?

En second lieu, l'ignorance est un autre phénomène qui rend inappropriés les reproches. Nous ne pouvons pas vraiment arriver à savoir tout ce qui nous serait utile. Nous n'avons souvent des choses et de leurs conséquences qu'une saisie indistincte. Nos souvenirs déforment le passé, nous comprenons mal le présent et ne savons rien de l'avenir. Il n'y a pas de sens à se reprocher d'avoir commis une erreur par ignorance, à moins qu'on ne croie qu'on aurait dû savoir ce que l'on ignorait. Encore ici, si l'ignorance est souvent désavantageuse et susceptible de provoquer des résultats négatifs, on ne peut pas conclure logiquement qu'elle soit interdite: "Défense de ne pas savoir!"

Je rencontre souvent cette culpabilité chez des parents dont les enfants commettent des actes regrettables. Les parents s'attribuent souvent la responsabilité de ces comportements et se blâment d'avoir commis des erreurs dans l'éducation de leurs rejetons. Ce diagnostic est facilement vérifiable chaque fois: nul parent ne réussit à élever ses enfants sans commettre bon nombre d'erreurs. Ceci s'explique facilement par le fait que la tâche est extrêmement complexe, qu'elle dure des années et que les parents ne sont, pour la plupart, absolument pas préparés à l'assumer. Cependant, je n'ai pas encore rencontré de parents dont on puisse dire qu'ils ont volontairement mal élevé leurs enfants et, s'il en existe, ils doivent être très rares. L'erreur est par définition inconsciente et l'acte erroné est toujours posé avec la conviction qu'il est approprié. Mais reprocher à un être humain de poser des gestes erronés, c'est supposer qu'il peut et doit agir d'une façon "surnaturelle", puisque les humains sont ainsi faits qu'ils ne peuvent agir que d'une façon imparfaite, sujette à l'erreur et, en fait, en se trompant souvent et gravement. Cela est sans doute ennuyeux et dommageable, mais il n'y a pas de raison qu'il en soit autrement, pas plus qu'il n'y a de raison que la foudre n'existe pas, même si elle tue parfois des êtres humains parfaitement valables.

On peut mentionner une autre raison qui explique les erreurs et les bêtises et rend inappropriés les reproches. Les êtres humains sont souvent troublés émotivement, agités par l'anxiété, dominés par l'hostilité et le ressentiment, enfermés dans toute une variété de phénomènes névrotiques causés par leurs idées fausses et leurs croyances déraisonnables. Encore une fois, une telle condition, bien que déplorable, semble normale chez les êtres humains. Il est très probable que nous ayons une tendance innée à penser follement et à interpréter de travers l'univers qui nous entoure. Ce n'est qu'avec le temps et des efforts que chacun parvient, imparfaitement d'ailleurs, à maîtriser cette tendance et ainsi à se débarrasser des phénomènes névrotiques qui l'habitaient. Comment intelligemment blâmer une personne d'agir selon sa nature?

On en conclura donc qu'un être humain n'a jamais de raison objective de se blâmer lui-même, quelles que soient les conséquences fâcheuses de ses actes ou de ses omissions. Qu'il puisse déplorer ses actes et s'efforcer de les corriger, c'est une chose. Qu'il se blâme lui-même en s'identifiant à ses actes, c'en est une autre. J'ai parlé ailleurs de cette redoutable tendance que nous avons à nous évaluer nous-mêmes en fonction de nos actes, et à conclure, par exemple, que nous sommes bêtes et méchants parce que nous avons posé des actes bêtes et méchants. La culpabilité causée par cette confusion des actes et de la personne, comme celle qu'entraînent les reproches issus de l'idée qu'on *doit* faire le bien et éviter le mal constitue l'une des principales sources de toute dépression d'origine psychologique. Quand, après avoir confronté vigoureusement ces croyances, vous avez amoindri ou même fait disparaître votre culpabilité, une bonne part de vos sentiments dépressifs devraient s'évanouir. Cependant, il se peut que vous vous sentiez encore déprimé même si vous n'éprouvez que peu de culpabilité parce que vous tombez dans le piège qui consiste pour un être humain à s'apitoyer sur lui-même.

2. S'apitoyer sur soi-même

Si vous vous sentez déprimé et que vous n'arrivez pas à conclure que vous vous culpabilisez et qu'il ne vous semble pas que vous vous reprochiez grand-chose, il y a de fortes probabilités que votre dépression soit causée par le fait que vous vous apitoyez sur vous-même. Il n'est sans doute pas très agréable de faire face à cette réalité et il se pourrait bien que vous vous sentiez si coupable de vous prendre vous-même en pitié que vous refusiez plus ou moins consciemment de le reconnaître. Il serait pourtant dans votre intérêt de le faire, sous peine de continuer à ressentir les sentiments dépressifs qui vous habitent.

Chacun sait que la frustration est inséparable de la vie. Il ne se passe pas une journée sans que de quelque manière nos désirs ne s'accomplissent pas ou que quelque chose que nous détestons ne nous arrive. La seule manière d'échapper à la frustration c'est de n'avoir plus aucun désir, et ceci semble impossible puisque, même alors, nous conserverions le désir de ne pas avoir de désir. Nous sommes des êtres de désir et il semble bien qu'il en sera ainsi jusqu'à notre mort. Un être humain commence à s'apitoyer sur lui-même quand il considère sa situation non seulement comme désagréable et ennuyeuse, mais encore comme terrible, intolérable ou injuste. Celui qui se prend en pitié ne fait pas que se dire: "Comme c'est ennuyeux"; quand il est frustré, il rajoute: "C'est insupportable, c'est intolérable, de telles choses ne devraient pas m'arriver. Qu'ai-je fait pour mériter un pareil sort? Les autres n'ont pas le droit de me traiter ainsi. Quel malheureux je suis! Moi qui voulais tant que telle chose arrive! C'est trop dur que cela n'arrive pas."

Il vaut mieux alors se rappeler les faits suivants. D'abord, et fort heureusement, nous avons peu de besoins vraiment irremplaçables. Si tel élément du réel nous est refusé, nous pouvons habituellement nous en passer plus ou moins facilement et le remplacer par un autre pour obtenir le même résultat. Comme l'objectif que nous recherchons tous est d'être heureux, il vaut mieux nous rappeler que cet objectif peut être atteint, toujours en partie, de milliers de manières différentes. Vous n'avez pas obtenu la promotion que vous espériez? Vous n'allez pas croire qu'en conséquence tout plaisir et tout bonheur vont s'évanouir de votre vie! Après tout, vous avez déjà connu du bonheur jusqu'à maintenant tout en n'occupant pas le poste qui vous est refusé.

Votre femme se désintéresse de vous et se comporte de façon désagréable avec vous? Il vous est possible de trouver le bonheur de bien d'autres manières. Votre fils se comporte comme un imbécile alors que vous aviez espéré qu'il ferait l'honneur de la famille? Vous pouvez encore l'accepter comme ennuyeux et désagréablement frustrant, sans pour autant conclure que c'est là une catastrophe.

Deuxièmement, enlevez-vous de la tête la notion de justice. Rien n'est juste et rien non plus n'est injuste. C'est nous qui nous imaginons qu'en raison de nos efforts et de notre "bonne conduite", certaines choses nous sont dues. "J'ai été gentil avec ma femme... elle devrait au moins l'être un peu avec moi." "Je me suis toujours efforcé de faire du bon travail... on aurait dû m'accorder cette promotion." "J'ai tâché de bien élever mes enfants... ils devraient m'en être reconnaissants plutôt que de me traiter comme un vieil imbécile." Toutes ces phrases sont irréalistes et sans fondement. Rien ne nous est dû, nous ne méritons rien, ni le bien ni le mal, ni récompense ni punition, ni gratification ni frustration. Les choses se passent comme elles se passent et il n'y a pas de raison qu'elles se passent autrement, même si elles nous frustrent considérablement. S'entêter à prétendre le contraire n'amène qu'à se prendre soi-même en pitié, à se représenter qu'on est la victime d'un monde méchant et hostile et aussi à ajouter à la frustration des sentiments dépressifs. On n'y gagne vraiment pas!

Il ne faudrait pas conclure de ce que je viens de dire qu'il convient toujours d'adopter une attitude de résignation passive devant tous les événements désagréables. Il vaut parfois la peine de se battre pour obtenir ce à quoi l'on tient vraiment. Le tout est d'arriver à décider ce qui compte vraiment pour soi (non pas ce dont on a besoin!), et de faire ensuite des efforts appropriés pour l'obtenir. Si les désagréments apportés par les efforts pour obtenir l'objet souhaité dépassent les agréments qui découleraient de son obtention, il vaut alors probablement mieux laisser tomber. C'est là un calcul qui est souvent très difficile à faire: quand tenir et quand laisser aller? En principe, il vaut probablement mieux commencer par tenir, quitte à laisser tomber éventuellement puisqu'on peut de cette manière, en faisant preuve d'une fermeté initiale, obtenir souvent sans grands efforts ce qu'on souhaite obtenir. Il est toujours temps de laisser tomber, mais il est beaucoup plus difficile de tenter de s'affirmer quand on a d'abord laissé passer. Un bon exemple est constitué par l'éducation des enfants. Il est très difficile d'obtenir d'un enfant de quinze ans des comportements appropriés quand on l'a laissé faire à peu près n'importe quoi auparavant. Tous les professeurs savent aussi qu'il vaut mieux affronter fermement une nouvelle classe au début de l'année que de tenter après trois mois de reprendre le contrôle d'un groupe dont on a au début toléré tous les débordements.

La personne qui se prend en pitié elle-même tente souvent de manipuler les autres et de les amener à avoir pitié d'elle et ainsi à modifier leurs comportements à son égard. Si je m'en vais à travers l'existence en proclamant quel malheureux je suis, quel sort pénible est le mien et combien je suis durement traité par la réalité, il est fort probable que j'espère ainsi secrètement amener les gens à me prendre en pitié et à me réserver un traitement de faveur. Je vais essayer de les rendre coupables en espérant que leur culpabilité va les amener à faire mes quatre volontés.

Le malheur est que ce procédé réussit souvent. En fait, beaucoup de gens se rendent eux-mêmes coupables dans une telle situation et cèdent aux pressions du manipulateur. Cela a pour effet de tendre à perpétuer la démarche de manipulation et le chantage. C'est donc un mauvais service à rendre à quelqu'un que de céder à son chantage, puisqu'on ne fait ainsi que prolonger ses sentiments de pitié envers lui-même et donc sa dépression. Or, nul ne chante que s'il y consent. Il vaut mieux réagir avec fermeté mais sans brutalité, en s'efforçant de faire comprendre au maître chanteur que sa démarche ne fait que lui nuire à lui-même en le maintenant dans un état dépressif pénible. Ajoutons que la personne qui cède au chantage d'une autre développe également souvent envers elle des sentiments hostiles. Seuls les lions aiment les martyrs! Pour les autres, les martyrs sont la plupart du temps d'ennuyeux personnages toujours en train de raconter interminablement leurs malheurs et de faire état de leurs infortunes. Ainsi, la manoeuvre d'apitoiement sur soi-même risque d'apporter à son auteur encore plus de frustrations qu'il n'en déplore déjà et d'aggraver encore sa dépression. Les gens qui se plaignent de tout sont rarement aimés et acceptés, si ce n'est par leurs semblables, et encore avec réserve. Qui n'a assisté à ces espèces de compétitions qui se déroulent entre plusieurs personnes qui tentent toutes de se convaincre les unes les autres que chacune d'elle a eu plus à souffrir dans sa vie et est la victime numéro un? Il est rare qu'une personne non déprimée trouve quelque plaisir à ces jérémiades et le plaignard, ne trouvant bientôt plus personne pour l'écouter, se trouve encore plus déprimé.

La démarche d'apitoiement sur soi-même n'apporte donc que des inconvénients et il vaut mieux ne jamais s'y engager. La vie n'est certes pas toujours facile: autant ne pas la rendre encore plus pénible en se répétant sans cesse combien elle est terrible et insupportable et quel malheureux on est d'y être soumis.

3. S'apitoyer sur les autres

Voilà la troisième manière dont on peut s'y prendre pour être déprimé. Le plus embêtant, c'est qu'avoir pitié des autres apparaît souvent comme une démarche honorable et "belle" et qu'au contraire, c'est avoir le coeur dur que de ne pas le faire. Il me semble qu'il vaut la peine de se demander quel profit les autres tirent de la pitié qu'on a d'eux. Madame Dupuis, qui s'attriste et se déprime devant son poste de télévision en regardant un reportage sur la faim dans le monde et les petits enfants au gros ventre et aux yeux plaintifs, n'apporte évidemment rien à ces malheureux. Si, en raison de sa pitié, elle passe à l'action d'une manière positive quelconque, par exemple en envoyant quelques dollars à une organisation internationale, c'est autre chose. Sinon, il vaut mieux pour elle de tourner le bouton du poste que de rester là à se déprimer sans résultats positifs pour quiconque. Ceci peut sembler cruel et insensible, mais uniquement parce que nous avons appris à penser que c'est l'intensité de notre inquiétude et de notre dépression qui constitue la preuve de notre affection pour les autres. Or la pitié seule, non accompagnée d'action, reste un sentiment gratuit qui ne fait que calmer la culpabilité ressentie par celui qui a pitié sans apporter rien de positif à l'autre. Au contraire, il ne sera pas rare que la pitié pour l'autre engendre chez une personne la pitié pour elle-même et qu'au lieu d'une personne déprimée on en retrouve deux!

Bien des gens mènent des existences objectivement pénibles, soumis à des contraintes souvent très dures. Voulez-vous et pouvez-vous faire quelque chose pour eux? Oui? Eh bien! faites-le plutôt que de passer votre temps à larmoyer. D'autre part, une grande partie de la souffrance humaine est causée directement par les humains eux-mêmes et, s'il ne s'agit pas de les en blâmer ni de déplorer interminablement cette faiblesse de notre nature, il ne s'agit pas non plus de s'apitoyer sur celui qui, à son insu, s'empoisonne lui-même la vie. Si on le désire, il vaut mieux tenter de l'aider en lui montrant comment il s'y prend pour se gâter l'existence, notamment en se déprimant et en entretenant des idées et des croyances irréalistes à propos de lui-même et de la réalité extérieure.

Voilà donc trois manières dont vous vous y prenez probablement pour créer et entretenir votre dépression. Si vous cessez de vous rendre vous-même coupable, de vous prendre en pitié et d'entretenir envers les autres des sentiments exagérés et inefficaces de pitié, vous vous immuniserez vous-même contre la dépression. La réalité extérieure pourra continuer de vous être pénible, mais au moins pourrez-vous l'affronter sans saper vos propres forces et sans être pour vous-même l'ennemi que vous avez peut-être été jusqu'à maintenant.

Chapitre 6

“N’appuyez pas sur mes boutons”

Écoutez-vous parler. Combien de fois durant la dernière semaine avez-vous proféré des phrases comme: “Il m’a mis en colère”, “Ça m’a fait peur”, “Le patron m’exaspère”, “J’ai été comblé de joie par cette bonne nouvelle”, “Cette musique me détend...”, “Mon mari m’a rassurée...” Probablement des dizaines ou même des centaines de fois. Et au cours de votre existence, alors?

On dirait que la plupart d’entre nous croyons disposer en nous-mêmes d’une espèce de tableau de bord muni de nombreux boutons permettant de déclencher ou d’arrêter une émotion donnée. Chaque bouton porte son étiquette: anxiété, colère, inquiétude, désespoir, joie, sérénité, confiance, détente. Nous voilà donc nous baladant avec ce tableau de bord que nous essayons plus ou moins adroitement de cacher aux regards des autres, bien persuadés que quelque misérable viendra par pur plaisir appuyer sur nos boutons “négatifs” et qu’il nous faudra alors, sans pouvoir rien y faire, subir une décharge d’anxiété, de colère, de mépris de soi, d’infériorité. Par ailleurs — et voilà bien notre dilemme — nous sommes souvent portés à rechercher les braves gens qui consentiront à appuyer sur nos boutons positifs: joie, sérénité, calme, sans pouvoir jamais être certains d’avance que ces mêmes personnes n’appuieront pas en même temps, à dessein ou par mégarde, sur un bouton de l'autre série. Quel ennui, et quel risque!

Certains s'efforcent alors de dissimuler leurs boutons à tout le monde, mais sans grand résultat, puisque les autres finissent toujours par les trouver, ou même que les fameux boutons semblent se déclencher d'eux-mêmes. D'autres essaient de neutraliser les boutons ou de détruire les contacts qui leur permettent de déclencher les émotions. Ils tentent d'arracher le tableau de bord pour arriver à ne plus rien sentir. Ils n'y parviennent pas et ne réussissent qu'à s'écorcher les mains.

L'image peut paraître folle, mais n'exprime-t-elle pas ce que, presque tous, nous croyons. Nous sommes généralement persuadés que ce sont les événements ou les personnes qui causent et déclenchent directement nos émotions. La philosophie émotivo-rationnelle démontre qu'en fait il n'en est rien et que les événements et les personnes ne peuvent jouer, face à nos émotions, que le rôle d'occasions. La véritable cause des émotions se trouve toujours dans les perceptions, les croyances, les idées que chacun de nous entretient à propos des événements et des personnes. Si on reprend l'analogie du tableau de bord, on pourra bien admettre qu'il existe, mais qu'alors il est recouvert d'une boîte translucide qui permet aux autres de voir les boutons-poussoirs, mais non de les toucher. Cependant, cette boîte comporte une fente par laquelle son porteur peut introduire ses propres doigts et pousser ses propres boutons.

Tout ce que les autres peuvent faire, c'est de nous inciter à presser les boutons. Ils peuvent nous offrir des occasions splendides de nous rendre, par exemple, anxieux, occasions auxquelles nous avons peut-être beaucoup de peine à résister; mais ils ne peuvent pas à eux seuls produire ce résultat.

N'est-ce pas merveilleux de se rendre compte que nous sommes littéralement imperturbables, que nous seuls avons le pouvoir de nous rendre joyeux comme de nous rendre tristes, de nous calmer comme de nous rendre anxieux? Cette constatation peut être à la source d'un changement radical dans la vie. Plutôt que de dépenser une énergie souvent considérable à fuir les autres ou à tenter de les changer, il devient alors possible de récupérer cette énergie et de faire porter son action sur soi-même.

Car, bien sûr, le seul fait de réaliser que nous appuyons nous-mêmes sur nos boutons ne fait pas disparaître des habitudes entretenues depuis des années. La plupart d'entre nous avons appris très tôt dans notre enfance comment nous y prendre pour nous rendre anxieux ou troublés de quelque manière. Cet apprentissage ne s'est pas fait consciemment, mais il n'en est pas moins très profond. On nous a appris et nous avons inventé nous-mêmes des tas d'idées plus ou moins réalistes, avec lesquelles nous nous meurtrissons malheureusement trop souvent. C'est un peu comme une personne qui aurait pris sans s'en rendre compte l'habitude de manger trop vite et qui se causerait ainsi de pénibles maux d'estomacs. Cette personne pourrait fort bien être inconsciente de son habitude et de l'effet de cette habitude sur son estomac. Elle pourrait croire que ce sont les aliments eux-mêmes qui la rendent malade. Tant qu'elle ne se rendra pas compte, seule ou avec l'aide d'un autre, que c'est son habitude d'ingurgiter à toute allure ses repas qui est la cause de ses maux, elle ne pourra rien faire pour combattre efficacement les effets pénibles qu'elle ressent. Le remède se trouvant dans le changement de son rythme d'ingurgitation, toute autre procédure et tout autre changement ne lui apporteront pas l'effet désiré. Elle aura beau manger chaud plutôt que froid, plus ou moins de viande, à 10 heures plutôt qu'à midi, debout plutôt qu'assise, tout cela ne servira à rien.

On peut imaginer qu'une telle personne pourrait facilement éprouver du découragement et de la dépression après avoir essayé toute une variété de techniques sans jamais arriver à un mieux-être. Elle pourrait se croire incurable, un cas désespéré et se résigner à endurer son mal sans le comprendre.

Quelle ne serait pas sa joie si on lui enseignait ou si elle découvrait elle-même que le remède se trouve dans un changement de ses habitudes alimentaires! Cette joie ne la dispenserait pas cependant de faire les efforts, peut-être longs et pénibles, qui seuls pourraient l'amener à se débarrasser de cette habitude et à la remplacer par une autre.

Il en est de même pour les émotions. Tant qu'un être humain ne se rend pas compte qu'elles sont causées par ses propres idées, il demeure impuissant à se défaire de celles qui l'incommodent et à faire naître celles qui lui plaisent. Mais cette seule prise de conscience ne le dispense pas du travail souvent long et ardu qui l'amènera éventuellement à se défaire de ses habitudes de pensée pour les remplacer par de nouvelles habitudes plus saines.

Un mot sur la *frustration*. Pour presque tout le monde, il s'agit d'une émotion, comme l'anxiété, l'hostilité, la joie ou la sérénité. Mais, en fait, il n'en est rien. La frustration est un état non émotif et non pas une émotion. Il existe d'autres états psychologiques non émotifs, par exemple l'ignorance et la connaissance.

La frustration est cet état dans lequel se trouve quelqu'un quand la réalisation d'un de ses désirs est bloquée. La cause de la frustration est donc double: la présence du désir et son non-accomplissement. Si, étant au restaurant, j'ai un grand désir de manger une escalope au citron et que le menu qu'on me présente ne comporte pas ce mets, je *suis* frustré. J'ai à ma disposition deux moyens de faire disparaître la frustration: cesser de désirer l'escalope ou me la procurer ailleurs. Si je n'utilise ni l'un ni l'autre de ces moyens, je reste frustré. Jusqu'ici il n'est pas question d'émotion, et la frustration est bien causée par la non-coïncidence des événements avec mes désirs. Cependant, la frustration est habituellement accompagnée d'émotions, car elle constitue un événement qui offre l'occasion au frustré de générer dans son esprit des idées et des croyances qui, elles, vont causer l'émotion. Ainsi, si le client frustré de son escalope commence à se dire: "C'est affreux, j'ai absolument besoin de cette escalope et son absence va me causer de graves inconvénients", il va se *sentir* anxieux. S'il se dit: "C'est injuste, on devrait mettre l'escalope au menu et ces restaurateurs sont d'infects individus", il va se *sentir* irrité. S'il se dit: "C'est trop pénible, jamais je n'arriverai donc à obtenir ce que je veux", il va se *sentir* déprimé. S'il se dit: "Je suis un ver de terre, je ne mérite même pas qu'on m'offre une escalope", il va se *sentir* démoralisé. S'il se dit: "Qui suis-je donc pour exiger une escalope; je n'aurais jamais dû même la désirer," il va se *sentir* coupable. Si, au contraire, il se dit: "Bonne affaire; les escalopes sont si chères, je vais faire une économie appréciable", il va se *sentir* soulagé. Si, à la limite, il se dit: "C'est bon pour moi d'être privé; c'est dans le creuset de la privation que se forgent les esprits valeureux", il va se *sentir* fier de lui-même et valorisé.

On conclura donc que la frustration, même si elle est régulièrement accompagnée d'émotions, n'est pas elle-même une émotion. Est-il concevable qu'un être ne soit *que* frustré, sans éprouver aucune émotion, ni positive ni négative? La chose est théoriquement concevable, mais en pratique elle ne doit presque jamais arriver, tant les êtres humains sont des animaux spontanément évaluatifs, tant est grande leur propension à interpréter de quelque manière les événements qui se présentent à eux. Même quand nous sommes frustrés, c'est encore nous qui appuyons sur nos boutons émotifs et non pas la frustration elle-même. La frustration nous incite souvent fortement à jouer sur notre propre clavier émotif, mais elle ne nous y contraint pas. Là aussi, il est possible à un être humain de s'habituer à n'appuyer que surcertaines des touches, en laissant de côté les autres. Difficile, certes, mais non pas impossible, surtout s'il se représente qu'il est très avantageux pour lui de le faire.

Comme on le voit, la source du malheur humain se compose finalement de trois éléments: la douleur physique, la frustration et les émotions négatives, désagréables. Dans la vie d'une personne en particulier, ces trois éléments sont habituellement présents de façon inégale. Tout le monde connaît des gens très malades, qui souffrent beaucoup et dont les désirs sont très souvent bloqués, mais qui par ailleurs ne sont ni très anxieux, ni très hostiles, ni très déprimés. L'inverse existe également: telle personne jouit d'une bonne santé, n'éprouve pas de frustrations marquées, mais se *sent* anxieuse, coupable, dépréciée, inférieure. Le bonheur et le bien-être qu'elle pourrait éprouver se trouvent gâtés par la présence en elle d'émotions pénibles et douloureuses. C'est surtout cette personne qui aura avantage à mieux comprendre comment elle se rend elle-même malheureuse et à se mettre résolument à la tâche pour se défaire de sa malencontreuse habitude de tripoter ses boutons émotifs négatifs. Après tout, on ne vit qu'une fois (heureusement, seraient tentés de dire bien des gens!) et ne vaut-il pas la peine de consacrer quelques centaines d'heures à se défaire d'habitudes qui peuvent gâcher des années de bonheur?

Chapitre 7

Être mieux vaut mieux que se sentir mieux

L'un des reproches qu'un praticien de l'approche émotivo-rationnelle entend souvent pourrait se formuler comme suit: "Cette approche est trop rationnelle, trop intellectuelle. Elle ne s'occupe pas des sentiments. On ne peut pas vraiment aider quelqu'un sans d'abord le rejoindre dans la profondeur de son vécu émotif. L'être humain est d'abord un faisceau d'émotions qui n'ont rien de rationnel et toutes les discussions et distinctions de l'approche émotivo-rationnelle ne sont que de la rationalisation, de l'intellectualisme, de la masturbation mentale. Ce qu'il faut, c'est *expériencer*, ressentir dans ses tripes, et non pas raisonner et réfléchir." Qu'y a-t-il de vrai dans cette attaque?

D'abord, il est inexact de prétendre que le thérapeute émotivo-rationnel ne se préoccupe pas des émotions. Au contraire, il les considère comme le sel même de la vie et comme la source potentielle de beaucoup de plaisir, encore qu'il ne croie pas que les émotions constituent la *seule* source de plaisir pour un être humain. Cependant, le thérapeute émotivo-rationnel, s'appuyant sur l'observation soigneuse du comportement humain, déclare toujours que les émotions sont le *résultat* de processus intellectuels et cognitifs. Pas de pensée, pas d'idées, pas d'émotions. Le thérapeute émotivo-rationnel rappelle aussi que toutes les émotions ne sont pas sources de plaisir, ni de profit personnel, que bon nombre sont douloureuses et destructrices, et qu'en conséquence il vaut mieux en être habité le moins possible. Il semble absurde par exemple de prétendre que la présence prolongée d'une anxiété marquée soit de quelque manière avantageuse pour quiconque. L'objectif thérapeutique ne sera donc pas d'amener la personne à vivre avec intensité n'importe quelle émotion, mais bien plutôt de favoriser chez elle la présence intense et prolongée d'émotions agréables et constructives en même temps que la diminution des émotions désagréables et nuisibles. L'émotion n'est pas un fétiche qu'il s'agit d'adorer sans discernement.

Bon nombre d'approches thérapeutiques se proposent d'amener la personne à vivre avec intensité ses émotions, à cesser de les refouler pour les exprimer pleinement et de façon directe, souvent dans le contexte d'un groupe de rencontre. Si cette méthode est utilisée intelligemment, avec pondération et de façon non fanatique, elle peut comporter des avantages réels qu'il est opportun de souligner.

1. Quand une personne est amenée à exprimer honnêtement ses pensées et ses émotions, il se peut qu'elle fasse aussi l'apprentissage de l'authenticité et qu'elle devienne plus capable de laisser tomber les façades derrière lesquelles elle se cachait auparavant. Cette vérité et cette authenticité semblent être des conditions utiles pour un vrai changement de soi-même, et une thérapie primordialement émotivo-expressive pourra donc favoriser ce changement.
2. Il semble indispensable qu'avant de travailler à changer ses émotions, une personne apprenne à connaître celles qui l'habitent, plutôt que de continuer à les refouler et à les ignorer. En amenant la personne à exprimer pleinement ses émotions, on l'aide ainsi à mieux les identifier, ce qui pourra constituer la première étape d'un éventuel changement.

3. Quand on amène une personne à exprimer ses émotions, on l'aide du même coup à les expérimenter, et ainsi probablement à découvrir qu'il lui est possible de ressentir certaines émotions agréables qu'elle pouvait se croire incapable d'expérimenter auparavant. Le plaisir qu'elle ressentira alors pourra l'inciter à continuer sa démarche d'exploration d'elle-même et l'amener à introduire dans sa vie concrète des démarches utiles qui lui permettent d'expérimenter les émotions agréables initialement ressenties pendant la thérapie. Ainsi, le plaisir émotif ressenti lors d'un contact physique chaleureux avec le thérapeute ou avec d'autres membres d'un groupe de croissance pourra aider une jeune femme à laisser tomber ses inhibitions et à multiplier dans sa vie de tous les jours les occasions d'expérimenter à nouveau l'émotion agréable en question.
4. Un autre gain possible découlant d'une approche expérientielle réside dans l'élargissement du répertoire de réponses émotives de la personne. Il arrive souvent qu'une personne mène une vie émotive extrêmement pauvre et limitée, qu'elle s'en tienne presque toujours aux mêmes types de réactions émotives dans la plupart des circonstances. La personne pourra ainsi apprendre à varier son menu émotif, à *choisir* ses émotions plutôt qu'à les subir.
5. Dans le même ordre d'idées, ayant expérimenté le plaisir qu'apportent certaines émotions et ayant découvert qu'elle peut *choisir* de se sentir de telle ou telle manière, la personne pourra développer un goût plus marqué pour certaines émotions agréables et s'engager dans des démarches qui lui permettront de les vivre. Elle pourra ainsi devenir vraiment intéressée à se sentir bien dans sa peau de façon générale et à se procurer des plaisirs qu'elle méprisait auparavant, faute souvent de savoir comment se les donner.
6. Il se peut également qu'en apprenant à exprimer vigoureusement certaines émotions, dans le contexte théra-

peutique, la personne découvre qu'elle en retire un plaisir bien passager et superficiel qu'elle pouvait être auparavant portée à surestimer, faute de l'avoir éprouvé. Elle pourra être amenée ainsi à rechercher des plaisirs, émotifs ou non, plus grands, plus profonds et plus durables.

7. Plusieurs des exercices préconisés par les thérapies expérientielles impliquent que la personne se force à prendre des risques qui la faisaient reculer auparavant. Elle peut ainsi découvrir qu'il ne se produit rien de tragique quand elle se laisse aller physiquement, qu'elle exprime son hostilité ou son affection. Il se peut qu'elle en vienne ainsi à se concevoir capable de se livrer à ces activités sans appréhension exagérée. Ce changement d'image personnelle peut être fort bénéfique à la personne qui, auparavant, reculait peureusement devant le risque imaginaire qui constituait pour elle le fait de s'exprimer.
8. Une certaine partie de l'apprentissage fait dans le contexte d'une thérapie expérientielle est évidemment applicable à la vie réelle en dehors du milieu thérapeutique. Ainsi, si la personne apprend à l'intérieur d'un groupe à exprimer sans crainte ses sentiments affectueux ou agressifs à l'égard des autres membres du groupe, il se peut qu'elle apprenne aussi à le faire à l'égard de son mari, de ses enfants ou de son patron. Il peut y avoir là un gain très appréciable, le groupe jouant à ce moment le rôle de laboratoire où l'apprentissage peut se faire sous contrôle.
9. Enfin, il est possible que, dans le contexte d'expériences émotives intenses, la personne puisse plus facilement apprendre à modifier les idées et les croyances qui sous-tendent ses états émotifs malencontreux. Le bénéfice total serait alors très considérable, surtout si le travail est suffisamment prolongé pour que les habitudes de pensée et d'action soient notablement modifiées.

Ainsi, il est donc possible qu'une méthode primordialement expérientielle, qui amène d'abord la personne à se *sentir* mieux, puisse également, mais de façon indirecte, l'amener à poser les gestes intérieurs et extérieurs qui lui assureraient un mieux *être*. On pourrait même soutenir que si de telles méthodes conduisent à des résultats positifs stables, c'est qu'indirectement elles amènent la personne à modifier inconsciemment ses perceptions et ses croyances. Sans ce changement, on ne parvient pas à imaginer comment la personne puisse arriver à *être* mieux plutôt qu'à seulement se *sentir* mieux. Cela ne suffit pas cependant pour qu'on délivre sans restriction un certificat d'efficacité à une méthode qui atteint son objectif sans s'en rendre compte et sans préconiser directement l'élément actif qui lui permet, à son insu, d'atteindre les résultats qu'elle recherche. La vie humaine entière ne se compose finalement que de trois éléments: les idées, les émotions et les actions, et ces trois éléments sont en fait étroitement liés. Il s'ensuit que si l'on arrive, d'une manière ou d'une autre, à modifier l'un de ces éléments, les autres en seront au moins partiellement affectés. Toute la question est de savoir par où il vaut mieux s'y prendre pour arriver au résultat souhaité de la manière la plus efficace, la plus rapide, la plus stable, la plus économique, et qui présente le moins d'inconvénients possible.

Il ne faut pas se le cacher, une méthode qui se propose d'abord d'amener l'individu à se sentir mieux comporte non seulement un certain nombre de désavantages, mais même certains dangers. Car il y a un monde entre se *sentir* bien et *être* bien. Il est même fort possible que quelqu'un se sente merveilleusement bien, mais en s'appuyant sur des éléments complètement faux que la réalité viendra tôt ou tard démolir. Ce serait, par exemple, le cas de celui qui tomberait dans la folie des grandeurs et qui, tant qu'il s'imaginerait qu'il est Jésus-Christ, roi de l'Univers, auquel tous doivent soumission et hommage, pourrait se sentir extrêmement bien. La réalité extérieure viendrait sans doute lui démontrer sans cesse qu'il se trompe. Il ne pourrait donc continuer à se sentir bien qu'au prix d'une restructuration imaginaire radicale de la réalité, difficile sinon impossible à maintenir longtemps en pratique. Il s'agit bien sûr d'un cas extrême, mais qui se situe dans la ligne d'autres illusions que peut contribuer à créer ou à maintenir une approche purement expérientielle. Énumérons donc certaines des limites et des inconvénients de la démarche qui se propose primordialement d'amener la personne à se sentir bien dans sa peau.

1. Il y a d'abord le risque de favoriser chez la personne le maintien ou le développement d'une attitude de recherche du plaisir à brève échéance, d'un hédonisme à court terme, qui constitue presque toujours un piège empêchant d'obtenir des satisfactions plus stables et plus profondes. Il ne semble pas imprudent d'affirmer que cette tendance à rechercher le plaisir immédiat aux dépens des plaisirs plus considérables, qui ne se laissent savourer que par celui qui a consenti à se discipliner et à tolérer la frustration, constitue une facette très importante de presque tous les troubles émotifs. Il s'agit d'une tendance infantile dont la plupart d'entre nous n'arrivent que difficilement à se départir, et encore imparfaitement.

J'ai connu un client qui pendant des années avait participé à des groupes de rencontre primordialement axés sur l'expérience immédiate des sentiments et leur expression directe. Il avait acquis tout le vocabulaire de l'approche et pouvait m'entretenir des heures, d'authenticité, d'"ici et maintenant", d'"experiencing". Mais sa vie personnelle était néanmoins en lambeaux; il voltigeait d'un plaisir immédiat à l'autre, refusant systématiquement de se mettre à la tâche pour atteindre des plaisirs plus éloignés. L'approche émotivo-rationnelle le surprit par sa rigueur et son refus de favoriser ses tendances infantiles à la gratification immédiate. Cependant, comme il commençait à en avoir assez de "sentir" profondément les choses, mais en fait de n'en jouir que de façon éphémère, il finit par se mettre au travail et commença, non sans difficultés, à remplacer sa philosophie du plaisir immédiat par une philosophie plus saine du plaisir à plus longue échéance.

2. Comme l'expérimentation puissante des émotions entre ordinairement en conflit avec une pensée claire et nette, il est possible qu'une approche primordialement expérientielle empêche la personne de se livrer au travail ardu et demandant une bonne dose de concentration qui lui permettrait de saisir et de modifier ses conceptions et ses croyances inconscientes. Tant que la personne expérimente des sentiments comme l'amour, l'accueil chaleureux des autres, elle se *sent* si bien qu'elle peut négliger de rechercher ses croyances irrationnelles et de s'occuper de ses problèmes réels et concrets. Si M. Rémillard perd sans cesse son emploi parce qu'il ne s'est jamais donné la peine de se former convenablement, il se peut bien que le plaisir temporaire qu'il trouve à exprimer directement son anxiété et sa culpabilité à l'intérieur d'un groupe qui l'accueille amicalement l'empêche au moins en partie de mobiliser son énergie pour vraiment poser les actes qui lui permettraient de régler son problème. L'expression directe des émotions et le mieux-être qu'elle apporte joueraient ainsi le rôle d'une espèce de tranquillisant qui, loin d'aider la personne à s'améliorer, pourrait au contraire lui nuire. La douleur est parfois salutaire, car elle peut amener la personne à s'engager dans des actions vraiment efficaces qui lui permettront de devenir vraiment mieux et de régler efficacement ses problèmes. Il est vraiment nuisible de se bourrer de morphine quand on est malade d'un cancer, si le bien-être apporté par la drogue amène le malade à s'imaginer qu'il est guéri et peut ainsi se dispenser de l'opération peut-être douloureuse, mais peut-être aussi salutaire. Il y a là un danger réel qu'on ne saurait minimiser. Les palliatifs, qu'ils soient physiques ou psychologiques, sont souvent dangereux, parce qu'ils créent une fausse impression de bien-être et sapent la motivation de la personne à s'engager dans des démarches souvent pénibles mais fructueuses. J'ai vu

assez de clients qui se bourraient de pilules de toutes sortes pour le savoir. Or, une thérapie primordialement expérientielle peut souvent être assimilée à une drogue psychologique. Elle ne s'attarde trop souvent qu'aux symptômes sans pousser jusqu'à l'identification et l'éradication des causes profondes.

3. Un troisième inconvénient possible d'une approche qui se propose d'abord et avant tout de permettre à la personne de se *sentir* bien, réside dans le fait que la survalorisation qu'elle accorde aux émotions peut favoriser chez la personne la tendance déjà grandement présente à attribuer la cause de ses états émotifs aux événements de sa vie. Ainsi, il ne sera que trop facile pour Ginette, qui éprouve une grande joie quand le groupe dans lequel elle s'est insérée lui répète qu'elle est jolie et agréable, de conclure que cette joie est *causée* par les opinions positives qu'émettent les autres à son égard. Elle ne parviendra probablement pas seule à s'apercevoir que sa joie est en fait causée par ce qu'elle se dit à elle-même à ce moment. Il est d'ailleurs peu probable que son thérapeute l'amène à le voir, puisqu'il est presque certain qu'il l'ignore lui-même et croit lui aussi que les compliments *causent* la joie. Faute de comprendre le mécanisme qui cause sa joie, Ginette se trouve privée d'un instrument puissant de contrôle de ses propres émotions. Elle peut demeurer incapable de se donner à elle-même de la joie à moins que les circonstances ne l'y amènent inconsciemment. Inversement, elle demeure théoriquement incapable de se défaire de sa tristesse et de sa dépression quand les circonstances l'amènent à entretenir les croyances qui causent ces émotions. Qui ne connaît de ces personnes qui ne se sentent bien que lorsqu'elles se trouvent en contact avec des gens qui leur prodiguent de l'affection. À l'inverse, elles sont plongées dans le désarroi, la tristesse, l'anxiété et la dépression quand la vie les met en contact plus ou moins prolongé

avec d'autres personnes qui ne leur témoignent qu'hostilité ou indifférence. Or, comme nul ne peut vivre dans ce monde en ne rencontrant que des amants ou des admirateurs , et qu'on ne peut tout de même pas passer sa vie en contact avec son groupe de thérapie expérientielle, c'est vraiment causer un dommage à la personne que de ne pas lui enseigner de quelque manière comment s'y prendre pour vivre des émotions agréables, *quelles que soient les circonstances.*

4. Comme le groupe ou la thérapie expérientielle constitue un artifice qu'on ne retrouve pas dans la vie réelle, il se peut que la personne y apprenne à cultiver et à y exprimer des émotions nuisibles et délétères. C'est flagrant pour le cas de l'hostilité. Une expression directe et violente d'hostilité peut être favorisée et encouragée par une thérapie expérientielle. Or, le sentiment d'hostilité lui-même est toujours inapproprié, étant régulièrement causé par des idées irréalistes et fausses, notamment par l'idée que les autres *devraient* faire ce qui plaît à la personne et *ne devraient pas* faire ce qui lui déplaît ou lui nuit. Cette croyance constitue une absurdité de premier ordre, comme je l'ai montré ailleurs.

De plus, l'expression directe et violente de l'hostilité, si elle est bienvenue dans un groupe thérapeutique qui encourage ce genre de comportement, risque de l'être beaucoup moins dans la vie réelle. Il est imprudent de pousser une personne à décharger directement son hostilité sur son conjoint, ses enfants ou son patron. Cela serait sans doute bien authentique, mais à quel prix? Il ne faut pas avoir vécu longtemps pour réaliser que le monde n'est pas exactement peuplé de thérapeutes compréhensifs, ni de disciples de l'expression directe des sentiments négatifs violents. La plupart des gens réagissent à l'hostilité par l'hostilité et il vaut mieux ne pas prendre la planète pour un immense groupe expérientiel!

5. Une insistance exagérée sur les émotions et leur expression peut également favoriser le développement d'une attitude anti-intellectuelle. Il vaut mieux se rappe-

ler que tout plaisir dans l'existence n'est pas nécessairement émotif, mais qu'on peut également ressentir beaucoup de joie à réfléchir, à méditer, à résoudre des problèmes complexes ou même à faire des mathématiques. Pourquoi se priver de ces plaisirs en concluant sottement que toute démarche intellectuelle ne vaut rien et ne constitue qu'un exercice vide de sens? Si on n'y prend garde, il risque de se développer une espèce de fanatisme des émotions, aussi bête dans son absolutisme qu'un fanatisme rationnel. Les émotions n'ont rien de sacré; elles ne sont que la conséquence des processus cognitifs qui se développent dans notre esprit. Par ailleurs, beaucoup d'émotions sont dangereuses et destructrices, et il est au moins stupide de parler de "nobles angoisses" ou de "bonnes colères". Qu'il soit bien humain de ressentir de l'anxiété ou de la colère, c'est évident. Mais ceci constitue une *limite* et non un *idéal*!

6. Même si une approche qui favorise avant tout l'expérimentation et l'expression des émotions donne parfois des résultats valables au niveau du changement des idées et des croyances de la personne, elle n'y parvient habituellement que d'une manière fort peu efficace. Comme l'objectif n'est pas clairement déterminé au début, le processus se déroule généralement au hasard, sans plan établi, atteignant l'objectif également par hasard. De nombreux sentiments peuvent être ressentis et exprimés sans qu'il en résulte de changements profonds de la personnalité. De même, une bonne partie du temps peut être consacrée à des exercices verbaux ou non verbaux que certains participants peuvent trouver amusants, dans la mesure où ils écartent leur attention de leurs préoccupations du moment, mais qui ne sont d'aucun profit à longue échéance.

Il serait tout de même dommage de transformer un groupe thérapeutique en terrain de jeu pour enfants attardés. Tous ces divertissements écartent la personne du vrai et profitable travail de transformation de ses croyances et de ses actions et constituent dès lors non pas une démarche aidante, mais bien plutôt antithérapeutique. C'est un peu comme persuader une personne qu'en écoutant une musique qu'elle aime et qui lui apporte un vif plaisir, elle va se guérir du cancer. Je voudrais bien qu'il existe une procédure agréable, facile et élégante de se défaire de ses problèmes émotifs, mais autant chercher une manière non salissante de récurer une fosse d'aisance remplie jusqu'au bord!

7. Un autre inconvénient réside dans le fait que la personne qui fait l'objet d'une thérapie expérientielle comprend rarement comment elle arrive à se défaire de ses émotions désagréables, *si elle y parvient*. La théorie psychologique sur laquelle reposent les démarches thérapeutiques auxquelles on la soumet est le plus souvent vague, floue, indéterminée. On ne s'en préoccupe guère d'ailleurs, puisque l'important c'est de ressentir et d'exprimer. La thérapie peut au contraire amener la personne à entretenir encore plus d'idées irréalistes qu'elle n'en nourrissait auparavant. Aussi, si on apprend à Claude Lamarche à exprimer ses sentiments affectueux envers les autres et qu'en conséquence il reçoit de ces autres des manifestations verbales et non-verbales d'affection et d'acceptation, qui lui donnent l'occasion de ressentir beaucoup de joie, il peut facilement en conclure que pour se sentir bien et heureux, il a *besoin* de recevoir de l'affection. Il pensera qu'il est un être valable *puisque* les autres l'aiment (ce qui ne serait pas le cas s'ils le rejetaient) et qu'il ne doit jamais rien faire qui pourrait amener les autres à le rejeter, car le rejet constituerait une vraie catastrophe, etc... Si ces idées ne sont pas analysées, critiquées et enfin changées, vous pouvez facilement vous imaginer dans quel état émotif va se retrouver notre homme quand il aura à faire face au monde réel, où il ne manquera pas de rencontrer presque chaque jour désapprobation, rejet et frustration.

Loin de l'aider à se tirer d'affaire dans la vie quotidienne, la thérapie aurait alors contribué à accentuer sa faiblesse, à le rendre encore plus vulnérable qu'auparavant et finalement à lui fournir encore plus de moyens de se gâter l'existence.

Il me semble que beaucoup de procédés thérapeutiques de type expérientiel reposent sur une conception naïve de l'être humain. Il est sans doute vrai de dire que nous avons tous des capacités non développées, des potentialités non exploitées, des possibilités de croissance quasi illimitées. Il est également vrai de dire qu'il est possible de trouver des moyens pour faciliter l'épanouissement de ces diverses possibilités. Mais il convient également de ne pas oublier que la plupart des êtres humains portent en eux des blocages profonds qu'il faut vraiment enlever avant de passer à des démarches d'épanouissement et de croissance, si on veut arriver à un résultat vraiment solide. Ne faut-il pas se préoccuper d'arracher les plantes parasites qui étouffent un arbre, tout en lui procurant soleil, engrais, pluie?

Il semble que ce soit la synthèse des deux démarches qui puisse apporter les meilleurs résultats. On en conclura donc que la forme la plus intéressante de thérapie sera celle qui réussira à se préoccuper à la fois des émotions, mais aussi des croyances et des agirs, qui s'orientera à la fois vers le plaisir immédiat, mais aussi vers la discipline permettant d'obtenir les plaisirs différés à plus longue échéance.

Cette thérapie s'intéressera au présent immédiat *et* au futur, comme elle fera sa part à la découverte personnelle *et* à l'entraînement systématique. Elle ne tendra pas seulement à produire des êtres qui se *sentent* bien tant qu'ils sont en thérapie, mais des personnes qui pourront vraiment *être* bien où qu'elles se trouvent et pour lesquelles la thérapie aura constitué un apprentissage plutôt qu'un mode de vie.

Chapitre 8

Savoir décider de se décider

Le mal peut frapper à tout moment: devant un menu comme devant un étalage, comme devant un répertoire de cours. À propos du choix d'une paire de souliers, comme à propos de celui d'une femme. Quoi choisir? Et s'il fallait que je me trompe? Comment savoir ce qui vaut mieux? Et vais-je aimer cela?

À un certain point de vue, la vie entière est constituée d'une suite ininterrompue de décisions, la plupart d'entre elles minimes et n'affectant que peu notre existence, d'autres entraînant des conséquences subjectivement considérables. Ne connaissant que très rarement d'avance les conséquences intégrales de nos choix, nous sommes quand même acculés sans arrêt à poser ces mêmes choix et c'est même poser un choix que de refuser consciemment ou inconsciemment de choisir. On n'échappe au dilemme de la décision que par la mort.

Il n'est donc pas étonnant que, dans cette situation, beaucoup d'êtres humains tergiversent, remettent au lendemain, demandent à réfléchir et à peser le pour et le contre, souvent interminablement. Qui ne connaît de ces personnes pour lesquelles il n'est jamais encore temps de décider et qui prennent des journées à prendre des décisions que d'autres prennent en quelques minutes?

Ce comportement amène de nombreux inconvénients sur lesquels il vaut mieux se pencher, si on ne veut pas se laisser empêtrer dans les filets de l'indécision.

La tergiversation est d'abord une serre chaude de l'anxiété. Il est vrai que l'anxiété cause souvent l'indécision, mais cette dernière à son tour offre souvent l'occasion à l'hésitant de se créer un surplus d'anxiété. On se retrouve dans une situation de cercle vicieux: l'anxiété favorise l'hésitation et l'hésitation favorise l'accroissement de l'anxiété. Il est également possible, comme chaque fois que l'anxiété est présente, que la personne anxieuse se donne à elle-même de l'anxiété seconde en se rendant anxieuse à propos de son anxiété même. Plus ces anxiétés s'accumulent, plus il devient difficile de se décider. Plus le temps passe, plus l'anxiété devient grande, jusqu'à amener parfois une décision irréfléchie et inappropriée dont les résultats peuvent bien, à leur tour, provoquer une nouvelle dose d'anxiété. C'est à en perdre la boule!

En second lieu la tergiversation permet souvent à un problème initialement simple de devenir complexe et d'exiger des solutions beaucoup plus compliquées ou coûteuses que celles qu'on eût dû appliquer, si on s'y fût pris plus tôt. Plutôt que de réparer la dent, il faut l'extraire. Plutôt que de réparer le pneu, il faut le remplacer. Plutôt que de soigner l'ulcère, c'est une partie de l'estomac qu'il faut réséquer. Les problèmes dont on ne s'occupe pas se règlent rarement d'eux-mêmes et ont plutôt la désagréable tendance à s'aggraver.

Comme troisième inconvénient de la tergiversation, signalons toutes les occasions propices qu'elle fera manquer à l'hésitant. Parce qu'on a trop attendu, on manque le train, l'avion, l'examen, une occasion d'affaire, un rendez-vous important. Certaines occasions ne se présentent qu'une fois: on ne peut pas recommencer son enfance ni son adolescence, pas plus qu'on ne peut à soixante ans faire ce qu'on ne s'est pas décidé à faire à vingt ans.

L'hésitation amène également souvent les autres à s'impatienter, à devenir hostiles et à nous rejeter. Bien des gens tolèrent difficilement la personne qui n'en finit plus de se décider; quel employé n'a pas maudit son patron hésitant? Qui n'arrive jamais ou presque à prendre des décisions fermes? Quel mari n'a pas tempêté contre sa femme qui n'en finit plus de se préparer à sortir? Quelle épouse n'a pas pesté contre un mari indécis, remettant sans cesse au lendemain l'accomplissement des petits travaux domestiques?

L'hésitant ne fait pas que subir les conséquences externes et sociales de son hésitation. Il se la reproche souvent amèrement et se traite de tous les noms, se culpabilise à propos de son indécision, se blâme d'être une personne aussi peu déterminée, se compare défavorablement aux autres qui, eux, se décident rapidement. Il ne réussit ainsi qu'à se donner des sentiments dépressifs qui, à leur tour, viennent paralyser encore plus sa capacité de décision. À la limite, c'est le désespoir qui guette l'hésitant, convaincu qu'il ne s'en sortira jamais, tant il hésite à prendre la décision de se mettre au travail pour se défaire de son indécision.

Voilà donc certains des inconvénients qu'est forcé de subir celui qui tarde trop à prendre des décisions. On concevra sans peine qu'il soit très avantageux de se défaire de cette tendance, mais on pourra mieux y parvenir si on arrive à comprendre les phénomènes psychologiques qui la sous-tendent. Les efforts de transformation pourront alors porter au bon endroit plutôt que d'être disséminés à tort et à travers. Examinons donc un certain nombre de ces phénomènes ainsi que les moyens de pallier chacun d'eux.

1. Le perfectionnisme et la peur de l'échec

Le phénomène du perfectionnisme est peut-être celui qui explique le mieux la survie de la tendance à tergiverser, malgré les inconvénients qu'elle apporte à la personne qui s'y abandonne. Comme on le sait, il s'agit de la manie d'exiger que ce qu'on accomplit soit parfait. Bien sûr, comme on ne peut jamais atteindre la perfection à moins d'en donner une définition arbitraire (la partie de quilles parfaite, le devoir parfait), il s'ensuit que cette exigence empêche toute action. Poser comme condition d'action la certitude préalable d'atteindre la perfection, c'est se condamner soi-même à l'inaction. Un grand nombre d'hésitations exagérées trouvent probablement une explication dans cette attitude, le plus souvent inconsciente.

Mais pourquoi tant de gens exigent-ils, sans s'en rendre compte, de se comporter parfaitement et hésitent-ils à s'engager dans une voie ou une autre si cela ne leur apparaît pas certain? Dans un certain nombre de cas, parce que la réussite de l'action demande vraiment, dans les faits, beaucoup de soins et d'efforts. Ainsi, on ne peut pas vraiment, dans certains domaines, se contenter d'un succès approximatif. Que faire d'une montre qui fonctionne *presque*? Comment accepter qu'un avion décolle *presque* de la piste? Cependant, au-delà de ces considérations qui peuvent être réalistes et amener la personne à hésiter avant de prendre une décision, on découvre souvent une autre démarche, celle par laquelle la personne s'identifie à son action et considère ainsi qu'un échec démontrerait qu'elle *est* une personne incompétente. L'hésitation aura tendance à devenir beaucoup plus marquée dans ces circonstances, puisque c'est sa propre intégrité que la personne a l'impression de risquer, sa propre valeur humaine qu'elle croit mettre en jeu. Comment se décider de se présenter à une entrevue, si on s'imagine qu'un échec signifierait qu'on est un imbécile? Comment se décider à donner un cours ou une conférence, si on croit qu'on va se mettre à bafouiller et que cela constituera une preuve indiscutable qu'on est un ver de terre?

Il va donc être extrêmement important pour l'hésitant de se faire à lui-même la démonstration bien nette qu'aucune de ses actions ne saurait avoir quelque influence sur sa valeur intrinsèque comme personne. Cette valeur est celle qui est attachée au fait que la personne est un être humain et ne saurait jamais *être* rien d'autre. On ne peut d'ailleurs pas démontrer que cette valeur existe: comment savoir qu'un être humain vaut quelque chose en lui-même? Il est extrêmement important de se convaincre de cette réalité si on ne veut pas que l'action devienne chaque fois une occasion de se remettre totalement en question et de se livrer ainsi aux affres de l'indécision. Il ne suffira pas ordinairement de se répéter des paroles rassurantes, "positives", qui n'attaquent pas vraiment l'erreur philosophique sous-jacente. Ce n'est pas en se disant que ça va bien aller, qu'on va bien s'en tirer, que tout va bien se passer, tout en continuant à croire en sourdine que l'échec sonnerait le glas de toute dignité et de toute valeur personnelle, qu'on parviendra à cesser de tergiverser. Bien au contraire, ces essais pour se rassurer soi-même, parce qu'ils ne sont pas vraiment efficaces dans le cas de celui qui est habité par la croyance que sa valeur est attachée à la réussite de ses actes, ne font que prolonger la période d'indécision. Ça prend du temps pour se rassurer, surtout quand pour y arriver on s'engage dans des chemins qui ne mènent nulle part.

L'hésitant essaiera donc d'agir ou même d'agir bien, mais non pas d'agir parfaitement. Il tentera de se représenter un échec possible comme désagréable et frustrant, mais non pas comme affreux et terrible, en se souvenant bien d'ailleurs que cet échec n'aurait rien à voir avec sa valeur comme personne, s'il en a une.

2. L'anxiété et la tendance à catastropher

J'ai parlé plus haut de l'anxiété comme d'une des résultantes de la tergiversation, mais il est clair qu'elle peut aussi, dans ce système, jouer le rôle de cause. Comme je l'ai montré ailleurs, notamment dans *Vaincre ses peurs*, l'anxiété est une émotion qui est causée par deux séries de croyances. Dans la première série, la personne qui ressent de l'anxiété perçoit un élément quelconque du réel comme potentiellement dangereux ou dommageable pour elle. Dans la deuxième croyance, elle se perçoit comme un être incapable de faire face de façon constructive au danger en question. Quand seule la première série d'idées est présente, on parlera de peur plutôt que d'anxiété, la peur étant un sentiment certes désagréable, mais aussi fort utile, en ce sens qu'elle incline à la prudence et permet à la personne de ne pas s'engager à l'aveuglette dans des démarches objectivement dangereuses. C'est la peur que ressent le pilote d'avion quand il vérifie soigneusement ses instruments pendant le vol, c'est également la peur qui amène un automobiliste à rouler lentement sur une route accidentée en pleine nuit.

Il en va tout autrement de l'anxiété. Son effet paralysant est bien connu de tous. Loin de porter la personne à poser des gestes appropriés en temps voulu, elle la fige plutôt dans l'inaction.

L'anxieux a avantage à remettre en question les deux perceptions qui causent son anxiété. D'abord, le danger est-il réel? Est-il bien vrai que ce qui pourrait arriver apporterait des résultats vraiment nuisibles? La réponse sera très souvent négative, ou du moins le danger aura été exagéré. Entre autres, si le seul résultat envisagé était la désapprobation de purs inconnus, on n'arrive pas à voir quel danger cette désapprobation peut bien comporter. J'y reviendrai un peu plus loin.

C'est surtout à propos de la deuxième idée, celle par laquelle l'anxieux se perçoit comme incompétent en face du danger, que le sens critique s'exercera le plus fructueusement. Il est heureusement rare qu'un être humain soit totalement démuni et impuissant en face des difficultés réelles de son existence. Il suffit pour s'en rendre compte, de penser à ce qu'ont pu accomplir de nombreux êtres humains, quand ils y ont été presque forcés par les circonstances. Nous sommes souvent capables de beaucoup plus de choses que nous ne le croyons. Des phrases comme: "Mais je ne peux pas..." "Je n'y arriverai jamais..." "C'est trop pour moi..." sont sujettes à caution et j'ai l'habitude de pousser mes consultants à les mettre en question et à se demander clairement sur quelles preuves ils se basent pour les proférer. Cette recherche des preuves les amène souvent à constater qu'ils se trompent et que même leur expérience leur démontre le contraire. J'ai souvenir d'une de mes clientes qui, environ tous les trois mois, se mettait elle-même dans un état d'anxiété à propos de sa situation financière et des nombreuses dettes qu'elle devait rembourser. Elle se mettait dans la tête qu'elle n'y arriverait jamais et que toutes sortes de malheurs s'abattraient alors sur sa tête. C'est en adoptant toujours la même démarche que je parvenais, ou plutôt qu'elle parvenait elle-même, à apaiser son anxiété. Stylo en main, nous faisions le bilan de sa situation financière. Il lui apparaissait alors que, sans doute, ses dettes étaient réelles mais qu'elle en exagérait l'importance, compte tenu des revenus qu'elle encaissait régulièrement. Elle cessait alors de se considérer comme incapable d'agir adéquatement dans ce domaine et son anxiété disparaissait.

L'anxiété gêne la prise de décision de diverses manières. Elle amène la personne à poser des conditions irréalisables à cette prise de décision, par exemple celle d'avoir la garantie formelle du succès. Une telle garantie, qui supposerait une connaissance absolue du futur, n'existe évidemment jamais. Nous ne pouvons vivre et prendre des décisions qu'en fonction de probabilités et jamais en fonction de certitudes. L'anxiété consomme également beaucoup d'énergie physique et mentale. Elle s'accompagne souvent d'insomnie, de pertes d'appétit et d'autres troubles physiques qui viennent saper les ressources de la personne et lui laissent moins de forces pour s'engager dans l'action. De plus, après un certain temps, l'anxiété en vient à se générer par elle-même, l'anxieux devenant facilement anxieux à propos de son anxiété même, en la considérant comme un danger grave, ce qui est parfois exact, et en se considérant lui-même comme totalement incapable de s'en défaire, ce qui est habituellement faux.

3. La colère et l'impatience

Comme quiconque peut facilement le constater, la colère et l'impatience s'épanouissent merveilleusement bien dans un terrain déjà fertilisé par l'anxiété. Cela est sans doute dû au fait que la personne qui souffre de l'anxiété en attribue la cause à des événements ou à des personnes et dirige donc son hostilité contre ceux qu'elle imagine être ses tortionnaires.

La colère et l'impatience viennent gêner le processus de prise de décision, surtout si elles sont ressenties fortement par la personne. Celle-ci n'arrive pas à établir en elle-même les conditions de sérénité, de calme et d'objectivité qui sont inséparables d'une démarche décisionnelle. Au lieu de se décider, la personne passe son temps à pester contre les événements et les personnes, proclamant que les choses ne devraient pas être comme elles sont et que les personnes devraient ou auraient dû agir autrement. Au lieu de s'engager dans l'action, la personne perd son énergie à piétiner sur place, en exigeant que les choses changent sans qu'elle ait à agir et en refusant de s'adapter à des circonstances sur lesquelles elle a souvent peu de contrôle. Tout cela ne servira naturellement qu'à retarder les décisions opportunes et à permettre souvent à la situation de s'envenimer encore davantage,ce qui offrira à la personne une nouvelle occasion d'alimenter sa colère. On retrouve encore une fois le cercle vicieux.

4. Les "besoins" d'amour

Avec l'anxiété, qui en est d'ailleurs l'un des résultats, les "besoins" d'amour et d'approbation constituent probablement l'un des obstacles les plus sérieux à la prise de décision. La personne qui conçoit comme essentiel de plaire à tous et de ne déplaire à aucun va ordinairement éprouver beaucoup de difficulté à prendre des décisions, puisque la plupart du temps, ces décisions sont susceptibles de lui apporter à la fois l'approbation de certains et la désapprobation d'autres. Cette condition résulte tout simplement de la variété des goûts et des opinions entre les personnes, ce qui plaît à l'un déplaît à l'autre, ou encore la même chose plaît à une personne sous un aspect et lui déplaît sous un autre. L'objectif qui consisterait à obtenir l'approbation universelle est donc irréalisable et c'est pure folie que d'y tendre. Ce qu'il y a de plus ironique d'ailleurs, c'est que très souvent l'approbation des autres n'apporte aucun bien tangible à la personne et que leur désapprobation ne la prive d'aucun avantage concret.

On voit tout de suite que, comme l'objectif ne peut être atteint, la personne qui en pose l'obtention comme condition préalable à sa prise de décision sera fatalement amenée à tergiverser théoriquement sans fin. Elle pourra dépenser beaucoup d'efforts à tenter de convaincre les autres que la décision qu'elle envisage de prendre est la bonne et doit leur plaire, ou elle attendra que ces personnes changent d'avis ou finissent par mourir. Quel problème quand la personne à laquelle l'hésitant ne se résout pas à déplaire est un Dieu défini comme immortel et immuable, ou même un parent encore jeune et peu enclin à changer d'avis!

En soi il n'y a pas d'absurdité à vouloir plaire aux autres. Il s'agit souvent d'une démarche utile ou du moins peu exigeante, apportant de bons résultats. L'affection et l'approbation des autres ne sont certes pas nécessaires, mais elles sont souvent utiles et agréables et peuvent faire l'objet d'une préférence. Tout se gâte quand ces préférences se transforment en exigences et qu'on se met à considérer comme indispensable ce qui peut être tout au plus utile et agréable.

Les choses deviennent encore plus compliquées quand, comme pour l'éventuel échec, le rejet ou la désapprobation des autres est interprété comme une preuve de non-valeur personnelle. Celui qui n'est pas aimé en conclut souvent qu'il n'est pas aimable, plutôt que de penser plus sagement que ses gestes ou sa personne ne plaisent pas aux autres. De non aimable à sans valeur, il n'y a qu'un pas que le "malade d'amour" franchit habituellement allègrement.

Il y a donc de nombreux avantages à s'entraîner, systématiquement au besoin, à considérer de façon réaliste l'amour et l'approbation des autres comme un objectif agréable et parfois utile, mais aucunement nécessaire, comme un des moyens parmi tant d'autres d'agrémenter la vie et de la rendre plus intéressante, encore que souvent l'amour reçu des autres comporte sa part d'inconvénients. Il vaudra mieux également se rappeler que si la désapprobation et la haine de certaines personnes (conjoint, enfants, patron) peuvent avoir des suites fâcheuses, il n'en est pas du tout ainsi en ce qui concerne la plupart des gens que nous rencontrons et qui, en fait, n'ont que peu ou pas d'influence sur le cours de notre vie et ne peuvent ni augmenter notablement notre bonheur par leur approbation, ni le diminuer par leur rejet. Il faut cependant avouer que l'habitude de considérer l'approbation de tout autre comme un bien inestimable et de concevoir la désapprobation comme un mal à éviter est ordinairement fortement enracinée dans notre esprit. Il s'agit sans doute des séquelles des idées que nous nous sommes formées quand nous étions enfants, alors que la désapprobation des personnages influents de notre vie, notamment de nos parents, pouvait nous causer des ennuis réels ou imaginaires. Il ne sera donc pas, en général, aisé de faire disparaître cette tendance, et il faudra sans doute se remettre souvent la vérité sous les yeux, si on ne veut pas se laisser emporter par elle.

Voilà donc quatre phénomènes psychologiques qui viennent embarrasser le processus de prise de décision. À supposer qu'une personne soit arrivée à se débarrasser de son perfectionnisme, à réduire son anxiété, à augmenter sa tolérance à la frustration, à diminuer son impatience et enfin à maîtriser sa tendance à exiger l'approbation des autres, il lui reste maintenant à s'engager le plus logiquement possible dans le processus de la prise de décision. C'est ce que je vous propose maintenant d'examiner.

La prise de décision

Toutes les décisions n'ont évidemment pas le même poids ni la même importance, et ne demandent donc pas toutes la même façon de procéder. Décider de mettre tel soulier au pied gauche plutôt que de le mettre au pied droit fait l'objet d'un choix inconscient, automatique, et il est fort heureux qu'il en soit ainsi puisque, autrement, une grande partie de la vie serait consacrée à décider ce que l'on fera dans l'autre.

La prise de décision formelle sera donc utilisée primordialement à propos des éléments de la vie qui posent problème à la personne. À titre d'exemple, je vous propose de suivre le déroulement de la prise de décision et de la mise en oeuvre d'un plan d'action chez une femme de trente-huit ans qui, ayant à toutes fins utiles terminé d'élever ses enfants, commençait à trouver le temps long à la maison et se sentait même assez déprimée. Nous l'appellerons Suzanne.

1ère étape: L'identification du problème

Cette première étape est vraiment indispensable et conditionne tout le reste de la démarche. Faute d'y consacrer assez de temps et de réflexion, on risque de s'engager dans des démarches qui ne mènent pas à une amélioration souhaitée parce que la cible n'a pas été assez clairement identifiée. Il s'agit de poser le problème de la façon la plus claire et la plus complète possible et de le formuler en termes réalistes. Dans le cas de Suzanne, son analyse de la situation la conduisait à formuler le problème dans les termes suivants: "J'ai trente-huit ans. Mon mari en a quarante-deux et se trouve très engagé dans sa carrière. Son travail le retient tous les jours et même parfois les week-ends. Les enfants ont dix-sept, seize et quatorze ans. Ils sont à l'école toute la journée et ont développé leur propre vie sociale, qui est en bonne partie indépendante de la mienne et de celle de mon mari. Mes tâches domestiques n'absorbent qu'environ le tiers de mon temps. Je m'ennuie et cela est probablement dû au moins en partie au fait que je ne m'occupe pas suffisamment à des tâches qui m'intéressent. Quelles sont les manières dont je peux m'y prendre pour améliorer ma condition?"

2e étape: La détermination des objectifs

L'objectif s'identifie au but qu'on se propose d'atteindre. L'erreur la plus fréquente à ce niveau consiste à fixer des objectifs à très longue échéance sans se préoccuper d'en fixer d'autres qui puissent être atteints plus rapidement, tout en demeurant dans la ligne de l'objectif général. On peut distinguer cinq niveaux d'objectifs:

les objectifs à longue échéance

les objectifs à échéance moyenne
les objectifs à brève échéance
les mini-objectifs
les micro-objectifs

Les objectifs à longue échéance s'appliquent au genre de vie en général que quelqu'un décide de mener: le genre de travail, le mariage ou le célibat, la situation générale dans laquelle on veut vivre. Ces plans, tout en étant clairs, seront tout de même flexibles puisque la vie nous réserve tant d'imprévus. Dans le cas de Suzanne, certains de ces plans étaient déjà fixés, mais elle entreprit de les adapter à la nouvelle condition dans laquelle elle se trouvait. Ainsi, après avoir examiné comment elle pouvait améliorer son état, elle décida qu'elle préférait se réinsérer dans le monde du travail plutôt que de se consacrer à un travail bénévole, de faire de l'artisanat à la maison ou d'intensifier sa vie sociale. Son choix fut guidé par ses propres goûts et ses aptitudes et non pas en fonction de quelque illusoire supériorité d'un travail rémunéré par rapport à d'autres activités. Suzanne avait toujours été sociable et à l'aise avec les gens. Avant son mariage, elle avait occupé le poste de préposée à l'accueil dans un important bureau de spécialistes en publicité. Son objectif général consista donc à se réinsérer dans ce champ d'activité après en avoir été absente pendant vingt ans.

Les objectifs à échéance moyenne sont ceux qui concernent les quelque cinq prochaines années. Pour Suzanne, ils consistaient à occuper un poste dans le domaine des relations avec la clientèle pour un organisme ou une firme quelconque.

Les objectifs à courte échéance visent une période d'un mois à un an. Ils peuvent être beaucoup plus précis que les précédents et leur atteinte peut être vérifiée plus facilement. Suzanne décida d'amorcer les démarches qui lui permettraient de connaître la situation de l'emploi dans le secteur qu'elle avait choisi, et de se mettre activement à la recherche de l'emploi qu'elle souhaitait obtenir.

Les mini-objectifs sont ceux dont la durée s'étend d'un jour à un mois. Ainsi, Suzanne décida de faire deux démarches de recherche d'emploi chaque semaine.

Enfin, les micro-objectifs sont ceux qui peuvent être atteints au cours de la prochaine heure. Dans le concret, ce sont souvent les seuls objectifs sur lesquels nous exerçons d'un réel contrôle. Leur importance est donc très considérable, car c'est seulement par eux que nous pouvons atteindre les objectifs à plus longue échéance. Ainsi, Suzanne décida de faire ce téléphone de démarche tout de suite, d'envoyer cette lettre de candidature dans les quinze prochaines minutes, de faire un curriculum vitae avant une heure, de demander cette information sans délai.

Les micro-objectifs sont sans aucun doute les plus importants de tous. Quand ils sont régulièrement atteints, les autres objectifs plus généraux se laissent atteindre pratiquement d'eux-mêmes, tout comme un voyage à pied de cent kilomètres ne consiste en rien d'autre qu'une suite considérable de pas faits l'un après l'autre et individuels, sur lesquels le marcheur dispose d'un contrôle presque parfait.

Si quelqu'un n'atteint pas ses objectifs généraux c'est très souvent parce qu'il n'a pas consenti à appliquer dans le détail sa décision et à fractionner ses objectifs généraux en micro-objectifs. Il est presque toujours possible de poser *tout de suite* une action qui fera avancer, ne fût-ce qu'un tout petit peu, vers l'objectif général. Par ailleurs, il est illusoire de croire qu'on parviendra en B si on ne quitte pas graduellement A. Chaque prise de décision générale implique donc une très longue série de décisions mineures conduisant dans la même direction. C'est vraiment là que se fait le vrai travail de prise de décision, et non pas dans les rêves merveilleux où tout arrive à point sans qu'on ait à s'en mêler.

Dans ce travail qui consiste à prendre une longue série de petites décisions et à s'y tenir, il est presque indispensable de se munir de moyens de vérification. Ceux-ci peuvent prendre plusieurs formes, mais ils ont tous en commun de constituer un témoin objectif du chemin parcouru, un peu comme l'odomètre d'une voiture renseigne le conducteur sur la distance qu'il a parcourue et sur celle qu'il lui reste à parcourir. Cela s'applique particulièrement quand il s'agit pour la personne d'acquérir un nouveau comportement qui implique la répétition d'actes de même nature. Il peut donc être utile de se fabriquer des graphiques, des listes de gestes posés et de les vérifier régulièrement. C'est un objectif bien valable que de se dire qu'on va faire de soi un être plus décidé, plus ferme, mais cet objectif devra être fractionné en micro-objectifs occupant quelques minutes chacun si on veut aboutir quelque part. On pourra alors noter sur un graphique chacun des gestes individuels posés dans cette optique et mesurer ainsi plus concrètement son progrès.

Il sera aussi utile de se munir de garde-fous positifs et négatifs, comme je l'expliquais dans un autre chapitre de ce volume.

Dans le déroulement de cette démarche, il sera réaliste de tenir compte de l'imprévisible, par exemple de la maladie, de la fatigue ou d'autres problèmes sur lesquels nous n'avons que peu de contrôle. C'est à ces moments qu'il s'agira de ne pas céder à la tentation de tout abandonner et à celle de transformer un échec partiel et temporaire en une catastrophe permanente. Plus le chemin à parcourir est long, plus il convient de se souvenir qu'il ne se déroule qu'un seul jour à la fois ou même qu'une minute à la fois et qu'une journée manquée ne signifie pas qu'on ne pourra pas atteindre l'objectif, mais qu'il faudra y consacrer plus de temps qu'on ne l'avait prévu.

Voilà donc une démarche qui semble réaliste pour arriver à prendre des décisions qui soient vraiment efficaces. Dans ce domaine comme dans tous les autres de la vie humaine, il n'existe pas vraiment de solution-miracle. Il n'en reste pas moins la possibilité réelle de se donner à soi-même les moyens d'arriver effectivement à faire un peu plus ce que l'on veut, en cessant de tergiverser et en continuant heure après heure à poser les gestes minuscules qui, par leur accumulation au cours des semaines et des mois, peuvent nous amener à des objectifs que nous pensions irréalisables. En guise de complément, je vous présente en appendice à ce chapitre un plan d'action rédigé par une jeune fille de vingt-deux ans. Vous y retrouverez presque tous les éléments dont nous avons parlé dans ce chapitre. Rien ne vous empêche de vous en inspirer pour dresser votre propre plan d'action et vous mettre au travail. Vous ne pourrez vraiment apprendre à vous décider que quand vous aurez résolu de le faire et pourquoi ne commenceriez-vous pas tout de suite? Pourquoi attendre encore? Y aura-t-il jamais un moment plus propice que le moment présent?

1. Objectif général	Dates:
Acquérir plus d'assurance	Entre 1er janvier et 31 décembre.

	2. Objectifs secondaires		3. Confrontations principales à utiliser
2.1	Sortir avec les garçons	3.1	Aucun garçon n'est un monstre. Je n'ai pas besoin d'être aimée, mais j'en ai le goût. Je suis un être humain aussi valable que tout autre.
2.2	Conduire une auto	3.2	Rien ne m'empêche de le faire. Se tromper est humain. Les vraies catastrophes n'existent pas.
2.3	M'affirmer au travail	3.3	Je suis un être humain valable. Je n'ai pas besoin d'être aimée. Se tromper n'est pas terrible. J'ai tous les droits.
2.4	Me perfectionner par des études	3.4	Je n'en ai pas besoin, mais ça pourrait être utile. Un échec n'est pas épouvantable. Je suis un être humain et non une imbécile.
2.5	Quitter le domicile de mes parents	3.5	Je n'en mourrai pas. C'est avantageux pour moi. On ne peut pas vivre agréablement sans prendre certains risques.

4. Démarches, actions et échéances	Échéances	Garde-fous	Objectif atteint le
4.1. 1. Parler à trois garçons inconnus 2. Accepter trois invitations 3. Faire trois invitations 4. Discuter de sujets qui me tiennent à coeur avec un garçon	15 janvier 15 février 15 mars 15 avril	Coucher à 22 h $5.00 à détruire $5.00 à détruire Coucher à 22 h	
4.2 1. Prendre des permis temporaires 2. Prendre des cours de conduite 3. M'exercer avec des amis 4. Passer mon permis 5. Conduire régulièrement	1er avril 15 mai 30 mai 15 juin 30 juin	Pas de TV Pas de TV Pas de TV Pas de TV Pas de TV	
4.3 1. Saluer mes compagnes de travail le matin 2. Discuter trois fois avec le patron 3. Émettre mon opinion dans les discussions (5 fois) 4. Demander un privilège que j'ai peur de demander	1er mars 1er avril 1er mai 1er juin	Un collier que je désire à la fin	
4.4 1. Choisir ce que je veux, en consultant au besoin 2. Faire les démarches d'inscription 3. Continuer 4. Continuer	1er février 1er mars 1er sept.	Lever 6 h Lever 6 h Lever 6 h	
4.5 1. Faire des économies et me ramasser $3 000 2. Avertir mes parents doucement 3. Me trouver un logement convenable 4. Déménager	1er juin 15 juin 30 juin 1er juillet	Pas de TV Pas de TV Pas de TV Pas de TV	

Chapitre 9

Peut-on arriver à raisonner avec des enfants?

Il y a quelques mois, j'étais appelé à animer, dans une ville du Québec, une session portant sur la relation d'aide. Le groupe de participants était surtout composé de parents et, en conséquence, une bonne partie de nos réflexions portaient sur l'éducation des enfants. Nous avons, pendant un premier week-end, passé pas mal de temps à explorer les relations entre l'approche émotivo-rationnelle que je présente dans mes livres et les problèmes que pose l'éducation des enfants. Bon nombre des participants semblaient douter qu'une approche faisant autant appel au raisonnement puisse être utilisée fructueusement avec de jeunes enfants.

Au week-end suivant, l'un des participants, père d'une fillette de cinq ans, nous raconta comment, pendant la semaine, il avait eu l'occasion d'essayer la méthode avec sa fille.

Sa fille fréquentait la maternelle et, un midi qu'il revenait déjeuner chez lui, il la trouva en pleurs et très agitée parce que, disait-elle, elle allait arriver en retard en classe et qu'elle ne voulait plus aller à l'école. Ce père prit alors le temps d'asseoir sa fille sur ses genoux et de procéder, en un langage compréhensible pour l'enfant, à la découverte, à l'analyse et à la confrontation des idées qu'elle se mettait en tête à propos de ce retard. L'enfant craignait d'être punie pour son retard. Le père, sans nier la possibilité d'une telle punition, lui montra qu'elle ne saurait être bien terrible. L'enfant redoutait qu'on ne se moque d'elle; le père essaya de lui montrer qu'on ne peut pas toujours échapper aux sarcasmes, que cela est tout au plus désagréable mais pas vraiment dangereux et qu'on peut vivre vraiment heureux sans recevoir l'approbation de tout le monde à tout moment. La conversation entre le père et la fille ne dura que quelques minutes et l'enfant sécha ses larmes et prit le chemin de l'école, considérablement calmée. Le soir, elle raconta à ses parents qu'on l'avait un peu grondée, que quelques enfants avaient ri mais que, somme toute, tout cela n'avait pas été bien terrible et qu'elle s'était quand même bien amusée à l'école.

Voilà ce que j'appelle une démarche constructive. Bien des parents, peut-être, auraient consenti à ce que la fillette manque l'école, ou l'auraient munie d'un billet à l'intention de l'institutrice, ou auraient adopté quelque autre procédé permettant à l'enfant d'éluder le problème. D'autres encore auraient peut-être réagi par l'agacement et auraient mis la petite fille sur le chemin de l'école sans se préoccuper de l'aider à calmer son anxiété.

On assume, je crois, trop facilement que les enfants sont incapables d'utiliser de façon constructive toute démarche qui fait appel à leur sens critique et à leur réflexion. Je pense qu'on commet là une lourde erreur et qu'on ne permet pas ainsi à l'enfant de cultiver l'une des capacités les plus utiles à un être humain. Je comprends bien qu'il n'est pas possible d'utiliser une démarche faisant appel au raisonnement quand l'enfant est très jeune, mais pourquoi ne pas en introduire graduellement l'usage à mesure que l'enfant devient capable d'en tirer profit? Ce n'est jamais une bonne idée de traiter un enfant au-dessous de ses capacités et, par exemple, de parler à un enfant de six ans comme s'il en avait encore deux.

Les problèmes, émotifs et autres, que rencontrent les enfants sont finalement les mêmes que ceux qui préoccupent les adultes. Anxiété, peur, hostilité, sentiment d'impuissance, dévalorisation personnelle, problèmes de comportement personnel et social, affectent les êtres humains de tout âge, de la naissance à la mort. Comme chez l'adulte, les problèmes émotifs chez l'enfant sont en général causés par ses perceptions erronées du réel et les conclusions injustifiées qu'il tire de ces perceptions.

1. Peur et anxiété

Qu'un jeune enfant témoigne de la peur devant certaines situations objectivement dangereuses, il n'y a rien là que de très normal. Cependant, à cause de leur manque d'expérience, les enfants ressentent souvent une peur exagérée d'éléments qui ne sont que peu dangereux, ou entrevoient comme inoffensives des choses qui sont en elles-mêmes susceptibles de leur causer un grand dommage ou même d'entraîner leur mort. Le parent pourra enseigner à l'enfant à distinguer ce qui est vraiment dangereux de ce qui ne l'est pas. Cet enseignement pourra se faire de façon verbale, mais encore plus utilement de façon expérimentale dans de nombreux cas. Ainsi, on pourra approcher la main de l'enfant d'un objet brûlant (sans évidemment le brûler) pour qu'il apprenne que certains objets apparemment inoffensifs peuvent lui causer du mal. Inversement, c'est en jouant avec un petit chien que l'enfant pourra se débarrasser de la peur déclenchée chez lui par les aboiements bruyants mais inoffensifs de l'animal. Les enfants apprennent le plus souvent par imitation et sont portés à calquer leurs réactions émotives sur celles de leurs parents. On voit tout de suite qu'il va être très important que les parents ne nourrissent pas eux-mêmes de peurs irrationnelles (tonnerre, insectes, contacts sociaux, etc), ou du moins qu'ils s'efforcent de n'en pas faire étalage devant leurs enfants.

La situation est un peu différente en ce qui concerne l'anxiété. Comme on le sait, cette émotion est causée non seulement par l'idée de l'imminence d'un danger quelconque, mais de plus par la croyance que nourrit l'anxieux qu'il est incompétent en face de ce danger et incapable d'y pallier de façon efficace. Celui qui a peur se dit "Cela est dangereux", alors que celui qui se sent anxieux se dit: "Cela est dangereux et je suis incapable de faire quoi que ce soit de constructif face à ce danger." Les enfants deviennent anxieux de la même manière que les adultes. Parfois ils exagèrent le danger appréhendé et en concluent faussement qu'ils sont incompétents devant ce danger, ce qui ne serait vrai que si le danger était vraiment tel qu'il se le représentent (l'enfant qui pleure d'anxiété parce qu'il pense qu'il y a des tigres cachés dans les bosquets du parc). Parfois ils interprètent correctement le danger, mais en exagérant leur propre faiblesse devant lui ou les conséquences qui pourraient découler de ce danger (l'enfant qui ressent de l'anxiété à propos d'un examen scolaire ou de la visite d'un étranger). Il sera souvent possible aux parents ou aux éducateurs de l'enfant de l'amener tranquillement à concevoir les dangers inévitables de la vie avec plus de réalisme et à se voir lui-même avec plus de justesse. On voit combien il est important de favoriser chez l'enfant le développement de sa confiance en sa propre capacité de se tirer d'affaire et de réussir ce qu'il entreprend. On ne craindra donc pas d'encourager l'enfant, de lui rappeler qu'il est capable d'apprendre à maîtriser bien des éléments de son milieu; d'autre part, il vaudra mieux s'abstenir de le blâmer de ses échecs et de ses erreurs, en lui soulignant plutôt qu'un échec ne veut pas dire qu'il est un incapable. Même si ces confrontations ne produisent pas d'effet immédiat et sensationnel dans chaque cas, un enfant qui grandit dans un foyer où ses parents lui parlent ordinairement d'une manière sensée et réaliste ne pourra manquer d'en être positivement marqué à la longue.

2. Succès et compétence

Presque tous les enfants se tourmentent à propos de leur succès ou de leur insuccès à l'école, dans les sports ou les autres activités dans lesquelles ils s'engagent. Une forte proportion de ces situations les invitent à entrer en compétition avec les autres et à tenter non seulement de faire de leur mieux, mais encore de faire mieux que d'autres. C'est une caractéristique de notre monde que d'accorder récompenses et considération non pas au bon joueur mais au vainqueur, non pas à l'étudiant appliqué et consciencieux mais au premier de classe. C'est fou, mais c'est ainsi et il est peu probable que la situation se modifie sensiblement dans l'immédiat. En conséquence, l'enfant qui ne réussit pas très bien à l'école, dans les sports ou ailleurs est souvent porté à se déprécier et à se déprimer à la suite des jugements négatifs qu'il porte sur lui-même. Il conclura trop facilement que ses échecs le désignent comme un incapable. Cette perception de lui-même pourra alors l'amener à agir en fonction de sa propre définition et donc à répéter les échecs.

Il sera avantageux pour les parents d'éduquer l'enfant de telle sorte qu'il éprouve du plaisir à pratiquer de nombreuses activités sans nécessairement qu'il y excelle. Ils lui montreront qu'on peut trouver du plaisir non seulement à gagner, mais aussi à jouer, même si l'on ne remporte pas la victoire.

Ils montreront également à l'enfant qu'on arrive rarement au succès sans effort. Qu'il s'agisse pour l'enfant d'apprendre à lire, à nager ou à jouer au soccer, on lui rappellera qu'il n'arrivera à maîtriser l'un ou l'autre de ces arts que par l'exercice répété et souvent ardu, surtout au début, avant que les succès partiels ne viennent renforcer sa détermination à continuer son apprentissage. Il vaut mieux que l'enfant apprenne tôt la valeur de l'effort et n'entretienne pas l'idée irréaliste qu'il pourra souvent exceller en quoi que ce soit sans s'appliquer.

Il sera utile d'adresser des compliments et des encouragements à l'enfant quand il réussit une chose difficile pour lui. Rien n'est probablement aussi déprimant pour un enfant que de s'entendre sans cesse critiquer pour ses erreurs, sans jamais recevoir de félicitations pour ses succès. Les parents feront cependant attention de ne pas tomber dans le piège qui consiste à confondre l'enfant et ses actions et à lui communiquer qu'il est un être valable seulement quand il réussit. Qu'ils louent le succès mais non l'enfant lui-même. Ainsi, si Jean-Paul obtient 95% à son examen de mathématiques, il vaudra mieux lui dire: "C'est un excellent résultat, bravo!" que de lui dire: "Quel bon élève tu es!" Ce point est d'une importance capitale dans l'éducation d'un enfant. Quand bien même un enfant n'apprendrait qu'imparfaitement les mathématiques et continuerait à jouer mal au hockey, s'il apprend profondément à ne jamais confondre sa personne et ses actes et ainsi à ne pas se déprimer quand il subit un échec, il aura appris une démarche qui lui sera immensément utile durant toute sa vie.

Encore ici, comme à propos de l'anxiété, il sera possible de discuter avec l'enfant, en utilisant un langage qu'il puisse comprendre et des comparaisons qui soient à sa portée. Cependant, c'est encore la réaction des parents et leur exemple qui constitueront le facteur éducatif le plus efficace. Un père ne parviendra pas facilement à raisonner son fils si lui-même contredit ses propres raisonnements par sa manière de vivre et de réagir. Bien sûr, nul n'est parfait, et l'une des choses utiles que l'enfant pourra apprendre, c'est que les êtres humains passent une partie importante de leur temps à se contredire. Il n'en reste pas moins qu'il est possible aux parents d'apprendre à leurs enfants à ne pas se déprimer indûment quand ils essuient un échec, ni à se gonfler sottement quand ils remportent un succès.

3. Colère et hostilité

Encore plus souvent que les adultes peut-être, les enfants réagissent à la frustration par la colère et la fureur. Comme chez les adultes, ce n'est pas la frustration qui cause leur colère, mais bien leur propre interprétation de la frustration comme d'un événement intolérable, injuste, qui ne devrait pas arriver. Comment les parents peuvent-il aider leurs enfants à laisser de côté leurs sentiments hostiles?

D'abord en restant calmes eux-mêmes devant les colères de leurs rejetons. Il est clair qu'une mère qui devient furieuse envers son enfant parce que ce dernier fait une colère ne contribue qu'à lui enseigner encore davantage un comportement inadéquat. Par ailleurs, il est souvent possible d'éviter à l'enfant un certain nombre de frustrations inutiles et arbitraires qui n'apportent aucun bénéfice à quiconque.

Il ne s'agit pas pour autant de tenter de le "protéger" contre les frustrations inévitables de la vie. Cela ne mènerait à la longue qu'à en faire un adulte excessivement dépendant des autres et relativement incapable des efforts qu'une existence intéressante exige de déployer.

Tous les parents savent que les enfants deviennent particulièrement irritables quand ils sont trop fatigués. Ce n'est pas rendre service à un enfant que de le laisser se coucher à n'importe quelle heure, ou de fermer les yeux sur les dépenses exagérées d'énergie dans lesquelles il peut facilement s'engager.

Il est en général inutile et nocif de punir sévèrement un enfant pour quoi que ce soit, et encore plus parce qu'il a piqué une colère. On peut tenter de montrer à l'enfant que ses comportements ne sont pas acceptables, sans pour autant le condamner lui-même parce qu'il s'y est livré, ni le punir sévèrement pour cette erreur. Il deviendra possible et utile de pénaliser l'enfant pour certains de ses comportements, en prenant bien garde de ne pas lui laisser croire qu'il est rejeté par ses parents quand il se comporte mal et n'en est accepté qu'à condition d'être un ange.

Il est utile de se rappeler qu'il vaut mieux laisser un enfant exprimer ses sentiments une fois qu'il se les est donnés. L'hostilité n'est jamais un sentiment approprié, mais il est souvent dangereux de tenter de la refouler une fois qu'elle est présente. Ce qui ne veut pas dire que cette expression des sentiments ne puisse pas causer certains problèmes à l'enfant. On pourra souvent arriver à canaliser l'hostilité déjà présente de façon inoffensive, par exemple en amenant l'enfant à la "ventiler" dans une activité physique épuisante.

Est-il possible tout de même de montrer à un jeune enfant que ce sont ses propres idées qui le mettent en colère et non pas les frustrations qu'il éprouve? Pas très facilement puisque, comme trop d'adultes, les enfants aiment penser que ce sont les autres qui les font sortir de leurs gonds et ils sont prêts, en général, à n'assumer la responsabilité que de leurs succès, en rejetant celle de leurs échecs et de leurs erreurs sur leur entourage. Même si la chose n'est pas facile, cela ne constitue pas une raison pour les parents de s'en abstenir puisque, en y travaillant avec patience, ils peuvent éventuellement amener l'enfant à prendre conscience des mécanismes par lesquels chacun de nous crée ses propres émotions.

Avec un très jeune enfant, il vaudra donc mieux s'abstenir de longs discours et se contenter d'essayer de prévenir son hostilité ou d'en canaliser l'expression une fois qu'elle est présente. À la longue, ces palliatifs sont toutefois insuffisants et il vaudra mieux se mettre à cette tâche qui consiste à montrer à l'enfant comment ce sont ses propres idées irréalistes qui causent sa colère. On pourra alors l'amener à critiquer et à confronter ses idées, à mesure que sa maturité intellectuelle et émotive se développera. Naturellement ce développement ne se produit naturellement pas d'un seul coup et l'on pourrait même dire qu'il n'est jamais totalement terminé. Cependant, il s'amorce souvent plus tôt que bien des parents ne semblent le croire. Il ne s'agit pas de s'attendre à ce qu'un enfant de huit ans soit devenu un petit philosophe, mais bien de comprendre qu'il lui est souvent possible, si on veut bien l'y aider, d'arriver graduellement à se rendre maître de ses idées et de ses croyances.

4. Discipline personnelle

Les enfants (et combien d'adultes!) n'ont à peu près aucune discipline personnelle à la naissance. Ce sont des champions du plaisir immédiat, des amateurs de la perte de temps, des experts de l'apparent moindre effort. Une grande partie de l'éducation consiste en conséquence à apprendre à l'enfant comment s'y prendre pour vivre agréablement dans un monde qui n'accorde souvent ses plaisirs qu'après des efforts concertés et prolongés. L'apprentissage de la discipline personnelle est donc dirigé authentiquement vers le bien de l'enfant même si, par ricochet, il apporte aux parents des bénéfices non négligeables sous forme de paix et de tranquillité.

Il est incontestable que certains enfants sont plus dociles que d'autres et que même certains d'entre eux sont trop dociles. Les enfants sont naturellement bruyants, agités, turbulents; il vaut donc mieux garder l'oeil ouvert sur l'enfant trop sage. Il n'est pas rare qu'on ait affaire à des enfants anxieux, timides, trop soumis.

Cependant, c'est tout le contraire qui se passe ordinairement et c'est tout un travail pour les parents que d'arriver à canaliser l'énergie brouillonne de leurs rejetons.

Autant se rappeler que les enfants sont des enfants et qu'on ne peut pas s'attendre à ce qu'ils se comportent autrement que des enfants. On ne reprendra donc pas un enfant chaque fois qu'il agit de façon enfantine. Cela n'aboutirait qu'à lui faire perdre confiance en lui-même ou à le révolter inutilement. On sera donc permissif, mais non sans limites. Que l'enfant gambade dans les bois, saute à pieds joints dans la piscine et s'amuse avec le chien, c'est une chose. C'en est une autre que de le laisser courir à travers les rues, rentrer à n'importe quelle heure le soir ou s'hypnotiser devant la télévision au détriment de son travail scolaire.

C'est avant tout le bon sens qui guidera l'imposition de limites aux comportements de l'enfant. Le principe de base pourrait bien être de laisser l'enfant faire tout ce qui ne nuit sérieusement à personne, ni à lui-même ni aux autres, et qui ne risque pas de l'amener insensiblement à prendre des habitudes nuisibles dont il pourrait avoir grand-peine plus tard à se défaire.

Quels que soient les règlements qu'on décidera d'imposer à l'enfant, il est avant tout important que ces règlements soient appliqués de façon uniforme et constante. Il n'est probablement pas de plus grande source de confusion pour un enfant que d'être puni un jour pour un comportement qui, un autre jour, sera toléré ou même récompensé. Il importera également que le père et la mère s'entendent entre eux sur ce qu'ils ont décidé d'accepter et sur ce qu'ils ne tolèrent pas, sous peine de voir leur enfant les opposer l'un à l'autre et tenter de se livrer à un chantage émotif.

Il sera utile d'expliquer à l'enfant pourquoi on pose certaines limites, sans toutefois tomber dans le piège qui consiste à se lancer dans des explications sans fin avec un enfant qui, selon toute apparence, préfère ne pas comprendre ce qu'on lui dit.

Il sera opportun de sévir à l'occasion, mais en distinguant bien une pénalisation la plus objective possible d'une vengeance. Idéalement, il vaudrait mieux laisser porter à l'enfant les conséquences de ses propres erreurs. Ainsi, si l'enfant casse une vitre par étourderie ou dans un accès de fureur, qu'on lui fasse payer au moins une partie du coût de la réparation plutôt que de lui administrer une fessée. S'il se comporte comme un barbare à table, on peut bien lui enjoindre de se retirer dans sa chambre pendant quelque temps, en lui expliquant que son comportement le retranche de la société des gens civilisés. Cela vaudra mieux que de le priver de télévision: comme cette punition ne présente pas de rapport avec le comportement indésirable de l'enfant, elle sera souvent perçue comme une vengeance et engendrera parfois chez l'enfant des sentiments de haine et de ressentiment.

Enfin, il vaut mieux ne pas oublier que toute discipline imposée de l'extérieur n'a pas d'autre but que d'apprendre à l'enfant à se discipliner lui-même, c'est-à-dire à organiser sa vie et son action d'une façon intelligente qui lui permette d'atteindre le maximum de plaisir, en tenant compte des structures réelles du monde dans lequel il vit. Cet apprentissage de l'autodiscipline durera des années et ce n'est que graduellement et en commettant de nombreuses erreurs que l'enfant apprendra à user de plus de discernement dans l'organisation de sa vie.

Voilà donc un certain nombre de réflexions à propos de l'éducation rationnelle des enfants. Comme on peut le constater, il semble faux de prétendre qu'on ne peut pas raisonner avec eux, sinon tout le temps, du moins dans de nombreuses circonstances. Cependant, pour y arriver, il sera indispensable que les parents aient pris l'habitude de se raisonner eux-mêmes. "Nul ne donne ce qu'il n'a pas" dans ce domaine comme dans tout autre. Le but de toute éducation étant d'équiper un enfant des instruments qui lui permettront de vivre une vie plus personnellement épanouissante, il serait irréaliste de ne pas compter la raison au nombre de ces instruments. Une telle forme d'éducation demande sans doute plus de patience et d'effort de la part des parents qu'une autre qui se borne à un dressage extérieur, mais son avantage principal réside dans le fait qu'elle permet à l'enfant de faire siennes les structures qui lui sont proposées initialement de l'extérieur. C'est ce genre d'éducation qui lui permettra de mieux vivre sa vie quand ses parents auront cessé d'exercer sur lui leur influence et qui le préparera le mieux à affronter un monde où la bêtise règne en maître. De tels enfants auront de meilleures chances de devenir des adultes réalistes qui pourront à leur tour éduquer leur propres enfants comme ils l'ont été eux-mêmes, rendant ainsi possible une certaine contagion de la raison dans un monde qui en a grand besoin.

Chapitre 10

Conditionnez votre chien, votre chat et votre mari

Conditionner! Voilà un mot qui en fait sursauter plus d'un et qui évoque le plus souvent des images de manipulations secrètes, où le manipulé se fait habituellement rouler. Pourtant, il ne s'agit de rien de plus que la mise en place *délibérée* et *systématique* d'éléments qui rendent plus probable l'obtention du résultat qu'on recherche. Ainsi, on peut dresser un chien à "faire la belle" en le récompensant quand il prend cette position. On peut arriver à montrer à un ours à faire de la bicyclette de la même manière.

Le conditionnement n'est pas efficace seulement avec les animaux. Les êtres humains sont également susceptibles d'y être soumis et, en fait, nous le sommes tous déjà plus ou moins. C'est l'avantage personnel que nous croyons pouvoir obtenir qui nous fait habituellement agir et c'est une erreur de croire qu'un être humain persistera longtemps dans une activité dont il ne lui semble pas qu'il retirera quelque bienfait présent ou futur. On ne tirera en général que peu de succès à faire agir une personne d'une certaine manière en lui représentant que c'est de son devoir d'agir ainsi, à moins qu'elle ne perçoive un avantage de faire son "devoir".

Il est donc possible et souvent très avantageux de mettre en place un système de conditionnement pour les êtres humains qui peuplent notre vie. Le système n'a rien en lui-même d'immoral, tant qu'il ne cause pas de dommage à la personne qu'on veut conditionner et ne se propose que de l'amener à agir d'une façon utile à elle-même *et* au conditionneur.

On sait déjà, par les recherches effectuées dans ce domaine, que les renforcements positifs donnent de meilleurs résultats que les renforcements négatifs. Ces recherches ne sont venues que confirmer le dicton qui déclare qu'"on prend plus de mouches avec du miel qu'avec du vinaigre". Ce principe connaît de nombreuses applications pratiques dans la vie de tous les jours.

Prenons le cas d'une jeune femme que j'ai rencontrée il y a quelques années. Elle se désolait devant la conduite de plus en plus froide et distante de son mari. Celui-ci était souvent absent, rentrait à la maison à des heures tardives et négligeait ses "devoirs" de père et d'époux, disait-elle. Elle avait acquis la certitude qu'il avait une maîtresse avec laquelle il passait une bonne partie de son temps.

Je demandai à ma consultante comment elle réagissait devant cette situation. Comme je pouvais m'y attendre, elle me fit une description élaborée des nombreux reproches qu'elle ne manquait pas d'adresser à son mari chaque fois que celui-ci rentrait tard ou faisait mine de s'absenter. "Tu sors encore..." "Tu vas encore la voir... C'est injuste..." "Les enfants et moi avons besoin de toi..." "Tu n'as pas le droit de nous faire ça...". Comme la situation durait déjà depuis trois ans, il était assez clair que la procédure qu'elle utilisait ne produisait pas les résultats qu'elle espérait. Au contraire, devant ses reproches, son mari disparaissait encore plus rapidement et pendant des périodes de plus en plus prolongées. Ma consultante était tombée graduellement dans un état semi-dépressif, pleurait souvent, ne s'occupait plus guère de son intérieur et passait une grande partie de ses journées en robe de chambre à ruminer ses malheurs et l'injustice criante des comportements de son mari.

J'entrepris de lui expliquer comment ses propres comportements pouvaient conditionner son mari à agir de la façon qu'elle déplorait et comment elle pouvait avoir avantage à changer sa tactique.

Comme il arrive très souvent dans ces cas, sa réaction initiale fut très vive. "Vous ne vous imaginez pas que je vais me mettre à être gentille avec lui, après tout ce qu'il m'a fait!" J'essayai de lui expliquer qu'elle n'y était pas obligée et qu'elle avait bien le droit de continuer à adresser à son mari des masses de reproches. La question ne concernait pas son *droit* de le faire, mais bien l'*opportunité* de le faire. Il ne s'agissait pas de savoir si ses reproches étaient justifiés, mais de comprendre qu'ils ne lui apportaient pas ce qu'elle désirait. Il ne fut pas facile de l'amener à comprendre qu'il n'est pas toujours *utile* et *profitable* de faire ce que l'on a le *droit* de faire. "Ainsi, c'est bien mon droit, lui disais-je, de mettre ma culotte à l'envers, mais je me garderai bien d'exercer ce droit, puisque cet exercice ne m'apporte que des inconvénients. C'est également mon droit de me défendre contre un voleur armé, mais si cette défense l'amène à m'abattre d'un coup de revolver, je ne vois pas l'avantage à ce qu'on inscrive sur ma tombe que je mourus dans mon droit!"

Cette argumentation finit par produire son effet et ma consultante admit qu'elle pouvait essayer de se comporter d'une autre manière, dans son propre intérêt. Il nous fut alors possible d'élaborer une stratégie qui donnât des espoirs d'amener le mari volage à réduire la fréquence et la durée de ses escapades, puisque tel était le résultat qu'elle voulait obtenir.

Ma consultante décida d'abord de cesser complètement ses reproches à l'égard de son mari. Une décision excellente, puisqu'il est bien connu que des reproches amènent la plupart du temps une répétition des actes indésirables. Elle décida donc de ne plus faire aucun commentaire quand son mari sortait le soir et quand il rentrait à des heures tardives, de cesser de le harceler de questions auxquelles, d'ailleurs, elle répondait le plus souvent elle-même.

Une semaine plus tard, elle me rapportait que son mari avait donné des signes de surprise devant ce nouveau traitement. Cela augurait bien de l'avenir. Ma consultante décida ensuite de cesser de faire un certain nombre de choses qu'elle savait que son mari détestait, et d'en faire un certain nombre d'autres qu'elle savait lui plaire. Elle mit en ordre la maison, s'arrangea pour que les enfants ne soient pas trop bruyants à l'heure de son retour, lui cuisina quelques-uns de ses plats favoris, se remit à se maquiller discrètement. À son anniversaire, elle lui acheta des bâtons de golf qu'il désirait depuis longtemps, et j'en passe.

Il se passa ce qui devait presque fatalement se passer. Après une période initiale d'étonnement, pendant laquelle le mari ne changea pas du tout ses comportements, il en vint graduellement à réduire la durée et la fréquence de ses absences. Apparemment, il trouvait de plus en plus agréable de demeurer à la maison. Inversement, il se mit à s'occuper moins de sa maîtresse et à la délaisser graduellement. Cette dernière tomba probablement dans le même panneau que celui dans lequel était elle-même tombée ma consultante et se mit probablement à lui reprocher son manque d'attention et d'intérêt. Vous devinez les conséquences. La balance du plaisir se mit à pencher du côté du foyer, et, après quelques mois, le comportement du mari avait considérablement évolué. Autant dire que ma consultante, ayant trouvé le chemin du succès, continuait à le conditionner efficacement.

Le principe du conditionnement semble être le suivant: réagissez positivement (et même n'attendez pas de réagir, mais faites les premiers pas) quand la personne que vous voulez conditionner agit de la manière qui vous plaît. Au contraire, quand elle va à l'encontre de vos désirs, abstenez-vous de la blâmer et de lui adresser des reproches. Dans la mesure du possible, abstenez-vous de toute réaction négative. Il ne s'agit pas d'agir ainsi parce que cela est beau et noble, mais parce que cela est efficace et vous permet d'atteindre plus sûrement votre objectif.

J'ai vu ainsi un mari conditionner sa femme à lui laisser la paix qui lui était nécessaire pour se plonger dans ses études. À peine essayait-il de se concentrer dans ses bouquins après le souper (il préparait un examen professionnel important) qu'elle se mettait à l'interrompre, à lui poser toutes sortes de questions, à se plaindre qu'il s'intéressait plus à ses livres qu'à elle. Après avoir tempêté et ruminé contre elle des plans homicides, il décida de s'y prendre autrement, puisque la méthode antérieure ne réussissait qu'à lui faire perdre encore plus de temps, sans pour autant mettre fin au comportement de sa femme.

Il se mit à lui expliquer ce qu'il faisait, lui demanda son aide pour étudier, pour écrire des textes; en somme, il l'amena à s'intéresser à son travail. En même temps, il réserva une période de temps raisonnable pendant laquelle il lui consacrait son attention entière avant de se mettre à l'étude.

Cette méthode donna d'excellents résultats. Sa femme cessa presque aussitôt de l'importuner et devint une précieuse collaboratrice.

La très grande majorité des gens aiment recevoir des marques d'affection et d'approbation et détestent au contraire s'entendre blâmer, sans doute parce que le blâme réveille en eux les idées qui leur causent anxiété et culpabilité, deux émotions particulièrement pénibles et désagréables. Ils sont alors portés à devenir hostiles envers ceux qui les blâment et au contraire à devenir affectueux envers ceux qui leur offrent considération, estime et approbation.

Une fois qu'on se rend compte de ce phénomène bien humain, il devient possible de l'exploiter systématiquement en vue d'objectifs personnellement agréables. Les professeurs qui distribuent les compliments plutôt que les reproches obtiennent de leurs élèves un meilleur rendement que ceux qui abusent des punitions. De même pour les parents envers leurs enfants, les maris envers leurs épouses et vice versa, les patrons envers leurs employés, et inversement. Cela n'a rien de très mystérieux, surtout pour celui qui a réussi à se défaire de l'idée irréaliste qui consiste à prétendre que les gens ne *devraient* pas agir comme ils le font. On peut également noter que, quand deux personnes sont impliquées dans une relation, l'avantage de l'une ne suppose pas nécessairement le désavantage de l'autre. C'est ce qu'on pourrait appeler la philosophie du "ou... ou": "ou mon avantage, ou le tien." "Si tu gagnes, je perds." Cette philosophie peut souvent, et avec bonheur, être remplacée par la philosophie du: "et... et": "Si tu gagnes, je gagne aussi. D'ailleurs, nous ne jouons pas l'un *contre* l'autre, mais l'un *avec* l'autre." Cette mentalité permettra alors à chacun d'utiliser intelligemment les mécanismes psychologiques de l'autre, à son propre avantage d'abord, sans pour autant exclure celui de l'autre. Ce conditionnement réciproque ne peut avoir que d'heureux résultats, à condition qu'on le pratique assez longtemps et sans retomber dans le système des blâmes et des reproches. C'est au moins aussi utile que d'apprendre au chien à ne pas faire ses "besoins" sur le tapis du salon!

Chapitre 11

On ne tond que les moutons

Il ne manque pas de gens pour dénoncer les abus de tous les exploiteurs qui peuplent cette planète. On a formé des associations de protection des consommateurs; l'État a édicté des lois pour protéger les citoyens contre les abus les plus criants; les journaux font paraître des colonnes où les clients insatisfaits tentent d'obtenir justice. On s'est moins préoccupé, me semble-t-il, du consommateur lui-même et des attitudes qui l'amènent à se placer dans la position de victime. S'il existe des tondeurs, c'est bien parce qu'ils trouvent des moutons sur leur route.

Dans ce chapitre, je veux examiner avec vous un certain nombre d'attitudes et de stratégies qui peuvent vous être utiles pour vous défaire de la mentalité d'exploité et vous permettre de résister efficacement aux pressions exercées sur vous, à votre détriment, par votre entourage.

Ces stratégies ne pourront vous être utiles que si vous vous décidez à changer vos propres attitudes et à cesser d'attirer vers vous, sans vous en rendre compte, les exploiteurs de tout acabit ou du moins de leur permettre de continuer à vous tondre. C'est d'abord contre vous que vous avez avantage à vous mettre en garde et, entre autres, contre vos idées. Mettez soigneusement à la porte de votre esprit l'idée que vous avez absolument besoin de l'affection indéfectible et de l'approbation constante de tout le monde. Cette idée à elle seule suffit à vous transformer en mouton et attire les exploiteurs plus sûrement que le miel n'attire les mouches.

Les pires exploiteurs sont souvent ceux qui partagent votre vie et qui vous exploitent tranquillement avec le sourire. Parmi eux, il faut ranger au premier rang le conjoint et les enfants, suivis de près par les autres membres de votre propre famille et de la famille de votre conjoint.

La tactique utilisée le plus souvent par ces braves gens consiste à essayer de tirer profit de vos sentiments de culpabilité. "Si tu m'aimais vraiment, tu devrais..." "Si tu veux être une vraie mère pour nous, tu dois..." "Tu n'es plus vraiment mon fils, à moi qui me suis tant dépensé pour toi, si tu ne..." Le truc est vieux comme le monde et il y a fort à parier que c'est ainsi qu'Eve est parvenue à faire croquer la pomme à ce grand dadais d'Adam. On peut également assumer qu'Adam le lui a fait ensuite payer en la culpabilisant pendant des siècles (ils vécurent, dit-on, fort vieux).

Il vaudrait vraiment la peine que vous vous arrêtiez à ce moment de votre lecture et que, prenant papier et crayon, vous consacriez une demi-heure à faire la liste des diverses méthodes dont vos proches se servent pour vous exploiter. Ne faites-vous pas le taxi pour les enfants? Ces chers petits n'en mourront pas de prendre le bus ou de marcher. Ne travaillez-vous pas comme un esclave pour payer les dépenses extravagantes de votre épouse? La pauvre femme ne saurait-elle porter la même robe deux fois de suite? Vous trouvez-vous chez vos beaux-parents tous les dimanches, même si vous n'y avez pas de plaisir? Supportez-vous les interminables téléphones de votre mère qui ne cesse de vous rebattre les oreilles avec ses malheurs, tout en s'abstenant complètement de faire quelque effort personnel pour améliorer sa situation? Vos frères et soeurs font-ils la procession pour vous emprunter de l'argent, des outils, votre voiture, quand ce n'est pas votre piscine qu'ils occupent, votre gazon qu'ils piétinent ou votre réfrigérateur qu'ils vident? Vos enfants (encore ces chers petits) sèment-ils leurs vêtements sales à travers toute la maison, laissent-ils traîner avec une splendide indifférence les reliefs de leurs collations un peu partout, considérant comme tout à fait normal que vous fassiez office de domestique entièrement dévoué à leur service? Voilà autant d'occasions, et combien y en a-t-il d'autres, où, si vous n'y prenez garde, vos proches vont vous exploiter avec la meilleure conscience du monde. Ils vont même être très étonnés si vous décidez que vous en avez assez et que vous ne répondez plus désormais à leurs tentatives de chantage. Leur étonnement sera d'ailleurs suivi de la vieille tactique tendant à vous amener à vous sentir encore coupable. Redites-vous bien alors que vous seul pouvez vous rendre coupable en ajoutant foi à ce qu'ils vont vous dire. Ils pourront même tenter de vous rendre coupable de ne pas vous sentir coupable. Rien à faire si vous êtes décidé à ne pas céder et à fermer la porte aux idées irréalistes qu'ils pourront tenter d'introduire dans votre esprit. Il n'est pas nécessaire, ni même utile, de vous mettre en colère; il suffit de vous affirmer avec constance et fermeté, en agissant bien plus qu'en parlant. D'ailleurs, les exploiteurs, membres de votre famille, sont déjà bien habitués à vous entendre vous plaindre et protester verbalement contre leurs manoeuvres. Mais, comme il est probable qu'après avoir protesté vous finissez par faire ce qu'ils exigent de vous, ils ne portent guère attention à vos protestations, sachant bien que vous allez finir par céder. Laissez donc de côté les discours et passez aux actes. Si vous cherchez un peu, vous allez trouver facilement comment vous affirmer par des actes. Quelques exemples suffiront à vous mettre sur la piste.

Vos enfants laissent traîner leurs articles de sport partout dans la maison? Rangez-les, mais dans un endroit où ils auront de la difficulté à les retrouver et laissez-les chercher. Votre mari refuse de vous laisser la voiture pour faire les courses? Faites-vous faire des clés et, la prochaine fois, ne lui demandez pas la voiture; annoncez-lui que vous allez l'utiliser. Les enfants sont toujours trop occupés pour faire la vaisselle après le souper? Établissez une liste les désignant à tour de rôle pour cette corvée et refusez de leur verser leur "salaire" hebdomadaire tant qu'ils ne s'en sont pas acquittés.

Après la famille, c'est au travail que les exploiteurs exercent souvent leurs ravages. Si vous êtes un employé, souvenez-vous que la seule raison véritable d'exister de la compagnie pour laquelle vous travaillez est de faire des profits. Ne vous laissez pas tromper par les protestations à l'encontre de cette vérité. Votre patron et vos collègues pourront essayer de toutes sortes de manières de tirer de vous le maximum en vous récompensant de diverses façons qui ne vous apportent rien, mais qui ne leur coûtent rien à eux non plus. On pourra vous nommer au "Club du président", ou inscrire votre nom au tableau d'honneur des meilleurs vendeurs, ou vous remettre un beau parchemin attestant de vos loyaux services. Voulez-vous travailler comme un esclave, mettre en péril votre santé physique et psychique, et votre vie familiale et sociale pour ces babioles? C'est votre affaire, mais rendez-vous compte au moins que vous vous laissez exploiter outrageusement.

La peur de perdre votre emploi, d'être mis à la porte peut vous transformer en mouton, prêt à accepter toutes les exigences déraisonnables de vos employeurs. Est-il bien vrai que ce serait une catastrophe si vous perdiez cet emploi? Serait-ce le seul que vous puissiez occuper? Est-ce une terrible honte que d'être congédié? Si vous répondez "oui" à ces questions, vous vous rendez vous-même vulnérable.

J'ai déjà travaillé avec une cliente qui occupait depuis huit ans un poste de secrétaire-réceptionniste au sein d'une petite compagnie. Son salaire était inférieur à la moyenne, ses heures de travail détestables, ses compagnes de travail ennuyeuses et son patron très exigeant. Elle s'était persuadée que c'était là le seul emploi qu'elle pouvait occuper parce qu'elle ne connaissait pas la sténographie. Après quelques mois de thérapie, j'arrivai à la persuader d'apprendre la sténo et de postuler un poste plus intéressant au sein d'un organisme public. Elle obtint le poste sans difficulté et se retrouva à un poste beaucoup plus agréable, mieux rémunéré, comportant des heures de travail régulières et avec un patron qui la laissait tranquille. Elle me disait ensuite combien elle ne comprenait pas qu'elle ait pu passer huit ans au même endroit.

Ne vous laissez donc pas impressionner par les appels à votre loyauté à "la compagnie". Souvenez-vous que "la compagnie" est formée avant tout d'actionnaires qui attendent que les affaires marchent assez bien pour recevoir leurs dividendes.

Vous pouvez souvent avantageusement être loyal à une personne, mais une "personne morale" n'est pas une personne du tout.

Parlons un peu des professionnels aux services desquels vous recourez dans la vie courante: médecins, dentistes, avocats, psychologues. C'est incroyable de constater combien de ces personnes se croient autorisées, de par leur fonction et leur poste, à se comporter envers vous comme si vous étiez le dernier des crétins. Certains médecins se comportent souvent d'une manière détestablement paternaliste envers leurs patients. Il existe un grand nombre de mythes dans notre société, et l'un des plus puissants est sans doute celui qui représente le médecin comme l'oracle infaillible de la vie et de la mort.

Il vaut mieux vous souvenir que le médecin, comme le garagiste, n'est qu'un spécialiste qui vous vend ses services. Si le médecin est payé par l'État, n'oubliez pas que ce sont vos impôts qui alimentent la caisse d'où il tire ses revenus. N'hésitez donc pas à demander des explications, à pousser le médecin à justifier ses recommandations. Au besoin, demandez plusieurs avis différents avant de prendre une décision importante concernant votre santé. Par-dessus tout, ne vous laissez pas traiter comme si vous étiez un enfant. Votre médecin vous tutoye: pourquoi ne faites-vous pas de même? Il vous reçoit à toute vapeur après que vous avez moisi pendant deux heures dans la salle d'attente? Refusez de bouger, restez assis et questionnez. Il serait étonnant qu'il vous jette physiquement à la porte. Au besoin, manifestez clairement votre déplaisir. Il vaut également la peine que vous fassiez des démarches pour trouver un médecin qui prenne le temps de vous écouter et de vous soigner convenablement. Le médecin n'est pas un surhomme: c'est un être humain comme vous qui a reçu un entraînement spécialisé et dont vous achetez les services. Tout en respectant sa compétence souvent réelle et en demeurant courtois et poli, il ne s'agit pas de le mettre sur un piédestal, ni de vous réduire vous-même à l'état de suppliant sans défense.

N'hésitez pas à discuter des frais professionnels. Le rapport qui s'établit entre le professionnel et vous comporte un aspect commercial qu'il ne faut pas nier. Vous engageriez-vous à acheter une voiture sans d'abord vous enquérir de son prix? On ne voit pas pourquoi, sur ce point, vous adopteriez une attitude différente selon qu'il s'agit du vendeur de voiture ou, par exemple, du dentiste, de l'avocat ou du psychologue.

Si vous vous tenez debout sur vos deux pieds et refusez de laisser le professionnel vous traiter comme un inférieur, il sera moins porté à le faire. Souvenez-vous que si vous tentez d'acheter l'estime et l'approbation de ces professionnels plutôt que leurs services, vous n'obtiendrez fréquemment ni les uns ni les autres. Pour le même prix, vous ne recueillerez souvent que leur mépris caché et des services de seconde qualité.

Attention à tous les fonctionnaires et bureaucrates du monde! Souvenez-vous que la plupart du temps, ces personnes n'attachent qu'une importance très secondaire à vos intérêts. Ils sont plus intéressés à faire leur travail sans tracas, à recueillir leur salaire et à appliquer sans discernement des règles rigides. Ne vous laissez pas impressionner par leur argument suprême: "C'est le règlement." Vous ne sauriez croire combien de "règlements" ont été modifiés parce que quelqu'un s'est finalement décidé à les contester fermement. Si vous croyez qu'on vous exploite et qu'on vous manipule injustement, exigez de parler au supérieur de l'employé. Dans certains cas, il peut valoir la peine de faire appel au protecteur du citoyen, tout en réalisant que son bureau est également peuplé de fonctionnaires! Ne perdez pas votre salive à discuter avec un employé subalterne qui, ou bien se fiche éperdument de vous ou bien est lui-même incapable, de par la structure de l'organisme, de s'écarter des règles de procédure.

Mettez donc hors de votre esprit l'idée qu'il faut toujours faire ce qu'on vous dit de faire et que le fonctionnaire est un proclamateur infaillible de la vérité. Cependant, les grosses machines administratives gouvernementales ou paragouvernementales sont très difficiles à faire bouger et il vaudra mieux que vous vous en teniez le plus loin possible. Une protestation énergique produit parfois certains résultats, mais elle ne tombe que trop souvent dans l'oreille d'un sourd qui a tout avantage à ne pas entendre. Fuyez donc comme la peste les démêlés avec la justice et la police, les fonctionnaires de l'assurance-chômage, ceux du bureau des véhicules-moteurs. Quand vous ne pouvez pas commodément échapper aux fonctionnaires, armez-vous de patience et de ténacité, en vous souvenant qu'il est inutile de vous énerver et que nul ne peut vous faire perdre votre calme si vous êtes décidé à le garder.

Il reste enfin l'immense foule des personnes avec lesquelles vous entretenez des relations commerciales de tous genres: propriétaires, vendeurs, employés d'hôtels et de restaurants, chauffeurs d'autobus et de taxi et le reste. Là encore, les possibilités d'exploitation sont innombrables. Vous vous faites tondre chaque fois que vous acceptez sans mot dire ou simplement en maugréant qu'on vous traite d'une manière désinvolte ou malhonnête. On vous sert mal au restaurant: sortez. Votre propriétaire vous traite comme si vous étiez enfermé dans un camp de concentration? Songez à déménager. On refuse d'échanger un objet que vous avez acheté et qui, pour quelque raison, ne vous convient pas? Insistez, faites une scène, demandez à parler au gérant. On répare mal votre voiture? Tempêtez, faites intervenir l'employé qui vous a vendu la voiture, faites appel à son superviseur. Vous serez souvent surpris des résultats. Bien sûr, vous connaîtrez quand même des échecs, mais vous aurez au moins alors la petite satisfaction de ne pas vous être laissé tondre en silence. Ne vous dites jamais qu'il n'y a rien à faire: c'est de cela que l'exploiteur tente précisément de vous convaincre, puisqu'il est à son avantage que vous vous laissiez faire bien docilement.

Si vous êtes une femme, il est probable que les remarques qui précèdent s'appliquent malheureusement à vous plus qu'aux hommes en général. Non pas parce que vous êtes constituée d'une autre manière que l'homme, mais bien parce que vous avez probablement été élevée d'une manière différente et que vous avez accepté sans vous en rendre compte un certain nombre d'idées fausses que véhicule encore notre culture. On attend plus d'une petite fille que d'un petit garçon qu'elle soit bien sage, polie, réservée, obéissante, écoutant respectueusement ses aînés. Vous avez pu ainsi développer des attitudes qui font de vous une victime de choix pour tous ceux qui dans ce monde exploitent les autres sans vergogne. Vous avez donc peut-être plus de travail à faire et plus d'efforts à fournir que certains hommes pour apprendre à vous affirmer et arriver à vos fins. Que vous soyez un homme ou une femme, votre principal ennemi est un ennemi interne: il s'agit des idées et des croyances que vous continuez à entretenir à propos de vous-même. Si vous vous prenez vous-même pour un être faible et démuni, si vous attachez une importance considérable à l'opinion des autres, si vous placez au-dessus de tout l'estime des autres plutôt que celle que vous pouvez avoir pour vous-même, si vous vous transformez vous-même en carpette, ne vous étonnez pas qu'on s'essuie les pieds sur vous. Il ne vous servira à rien de tempêter contre les injustices et l'exploitation dont vous êtes l'objet si vous ne vous décidez pas à vous tenir debout. Les pleurs, les supplications laissent les tondeurs en général indifférents et les encouragent même à continuer leurs manoeuvres. Rien ne changera tant que vous continuerez à assumer le rôle de victime et vos gémissements ne vous donneront pas d'autre résultat que de vous aliéner ces personnes qui auraient pu désirer entretenir avec vous des relations adultes, basées sur le respect et l'estime réciproques. Vous vous nuiriez ainsi doublement à vous-même.

Chapitre 12

Douze manières de cesser de se gâter la vie

Comme je l'explique souvent à mes clients, les causes du malheur humain sont multiples et variées. Il ne faut pas nier qu'une bonne part d'ennuis nous vient de l'extérieur, d'éléments sur lesquels nous n'avons que peu ou pas de contrôle: la conjoncture économique, la politique internationale, le temps, les accidents, l'hérédité et combien d'autres facteurs qui peuvent venir nous gâter la vie et même nous l'enlever.

En plus de subir plus ou moins docilement les effets de ces sources extérieures de notre malheur, nous sommes malheureusement fort habiles à nous causer des tracas qui trouvent leur origine en nul autre que nous-mêmes. Nul n'est exempt de cette tendance, mais nul non plus n'est complètement désarmé pour l'affronter. Un être humain peut apprendre à cesser de se gâter à lui-même la vie, à condition de comprendre comment inconsciemment il s'y prend pour y arriver et de consentir à investir les efforts nécessaires pour se défaire de cette habitude funeste. C'est d'ailleurs dans cette double opération de compréhension et de changement que réside l'essence de toute psychothérapie.

Le présent chapitre vous offre une court répertoire des démarches les plus habituelles et les plus malsaines que nous empruntons pour nous empoisonner l'existence et réduire notre part de bonheur. Il serait fort étonnant que vous ne reconnaissiez pas dans cette liste bon nombre de vos propres tendances. Dans ce cas, ne vous découragez pas. Il est indispensable que vous sachiez comment vous vous y êtes pris jusqu'à maintenant pour vous nuire à vous-même, si vous voulez parvenir à cesser de le faire.

1. Cessez d'exiger et de vous inventer des "besoins"

Comme je l'ai montré dans mes volumes précédents, la tendance à exiger et à transformer des désirs et des goûts en besoins constitue l'une des manières les plus sûres qui soit de se rendre soi-même malheureux. Mettez-vous bien dans la tête que vous avez vraiment très peu de besoins irremplaçables dans la poursuite d'un objectif que vous convoitez. Comme on peut couper un arbre avec autre chose qu'une hache, comme on peut satisfaire sa faim avec autre chose qu'une entrecôte et étancher sa soif avec bien d'autres liquides que le Pommard, ainsi il nous est possible de trouver notre bonheur d'une multitude de manières, dont aucune n'est vraiment absolument irremplaçable. Les problèmes commencent quand, sans vous en rendre compte, vous définissez telle ou telle chose comme irrémédiablement nécessaire à votre bonheur. Vous voilà engagé sur la voie rapide du malheur. Car tant que vous ne posséderez pas ce que vous croyez être un besoin, vous souffrirez d'anxiété et éprouverez une vive frustration. Et si jamais vous obtenez ce dont vous avez "besoin", vous continuerez à vous sentir anxieux en vous représentant dans quel malheur vous tomberiez si vous veniez à le perdre. Vous voilà donc malheureux dans un cas comme dans l'autre, que vous obteniez ou non la chose que vous avez définie comme une nécessité.

Ne vous y trompez pas: il ne s'agit pas seulement de bannir de votre langage les termes "besoin", "il faut", "il est indispensable". C'est la mentalité même sous-jacente à ce type d'expression qu'il s'agit pour vous de modifier. Soyez vigilant; après tout, il y a probablement des années que vous exigez certaines choses et que vous vous proclamez à vous-même que vous en avez besoin. Il serait étonnant que cette tendance disparaisse en quelques heures et il est plus que probable que vous aurez à lutter contre elle jusque à la fin de vos jours. Cette tendance est subtile et se trouve sans cesse renforcée par le climat culturel dans lequel nous vivons, notamment par la publicité. Il est évident que n'importe quel fabricant d'un produit de consommation va tenter de vous persuader que vous avez *besoin* de son produit, que vous ne sauriez vous en passer sans être très malheureux et, qu'au contraire, sa possession sera pour vous la source d'une suite ininterrompue de plaisirs. L'État a édicté un certain nombre de lois destinées à protéger le consommateur et il est évident que beaucoup d'entre elles veulent surtout protéger le citoyen contre sa propre naïveté et ses propres idées irréalistes. "Caveat emptor", dit l'adage. "Que l'acheteur se méfie". Qu'il se méfie du vendeur, d'accord, mais qu'il n'oublie pas de se méfier, aussi et surtout, de lui-même.

Par ailleurs, quelle loi pourra jamais protéger le "consommateur" contre l'amour, le prestige, l'estime des autres, l'honneur, ces denrées intangibles auxquelles nous attachons souvent une importance démesurée? Ici, c'est souvent l'État luimême qui se fait le pire propagandiste.

Ainsi, quand vous vous surprendrez à penser que vous avez *besoin* de quelque chose ou de quelque personne, ou quand vous entendrez qu'on vous le dit, qu'un feu rouge s'allume dans votre esprit. Demandez-vous s'il est bien vrai que vous ne sauriez atteindre l'objectif du bonheur que vous vous proposez que de cette seule manière. Comme *rien* n'est gratuit, demandez-vous si le prix que l'on vous demande, en argent ou autrement, n'excède pas les bienfaits que vous retireriez de la possession de ce que vous imaginez être un besoin. Tentez de deviner quels peuvent être les avantages que retirera de votre acquiescement celui qui tente de vous convaincre qu'il vous faut ceci ou cela. Par-dessus tout méfiez-vous de votre tendance, acquise depuis l'enfance, à exiger que tout ce qui vous plaît vous arrive et à considérer toute frustration comme un malheur intolérable. Car c'est par cette démarche que vous augmenterez votre malheur plutôt que de le diminuer.

2. Cessez de vous évaluer comme personne

Voilà la source de presque tous les sentiments dépressifs, du léger et transitoire jusqu'au plus profond. J'ai coutume d'expliquer à mes consultants combien il est facile de se donner à soi-même une dépression. Il s'agit tout simplement de s'asseoir dans un bon fauteuil et de se répéter assidûment pendant un quart d'heure et en y croyant vraiment quel sot, quel imbécile, quel maladroit, quel crétin on *est*. Essayez, vous verrez! Or, il n'y a rien de beau ni de noble à éprouver des sentiments dépressifs et cela est même particulièrement pénible. Il est ainsi heureux que ce soit une démarche particulièrement stupide (la démarche, et non pas son auteur!).

En effet, quand vous vous dites à vous-même que vous *êtes* bête, sot ou imbécile, tout comme quand vous vous dites à vous-même que vous *êtes* intelligent, rusé, ou habile, vous portez un jugement ou une évaluation d'ensemble sur vous-même. Rendez-vous bien compte qu'une telle évaluation est impossible à réaliser avec logique et justesse. Un être humain est beaucoup trop complexe pour être intelligemment évalué globalement à partir de l'une ou l'autre de ses caractéristiques ou de ses actions.

Autant essayer d'évaluer un édifice de cent étages à partir d'une de ses briques. Il vous est malheureusement possible d'agir sottement et stupidement, mais vous ne pouvez jamais alors conclure que vous *êtes* sot ou stupide; cette conclusion constituerait d'ailleurs un autre acte stupide qui lui-même ne démontrerait rien d'autre que vous avez, comme tout le monde, une tendance à penser sottement et à tirer des conclusions générales à partir de faits particuliers.

Attention donc au verbe "être"! Il est souvent employé à toutes les sauces et souvent de manière erronée. Quand vous vous surprendrez à vous dire à vous-même que vous êtes ceci ou cela, attardez-vous un instant à vous demander si cela est bien vrai et quelles seraient les preuves que vous pourriez apporter de cette assertion. Il en sera de même quand d'autres vous diront que vous êtes un génie ou un imbécile, un méchant, un butor ou un grand homme. Tous ces qualificatifs *peuvent* être utilisés avec justesse quand il s'agit des actes, mais jamais quand il s'agit des personnes. Donc, plus de criminels, ni de saints, ni de voleurs, ni de bons pères de famille, ni de putains, ni de directeurs du personnel, mais seulement des êtres humains qui plus ou moins souvent posent certaines actions ou sont dotés de certaines caractéristiques dont aucune ne rend compte de la totalité de ce qu'ils sont. Sans cesse changeants, sans cesse mouvants, faisant tantôt une chose et tantôt son contraire, nous trompant souvent avec les meilleures intentions du monde, tentant plus ou moins adroitement de nous tirer d'affaire dans un monde sans cesse plus complexe, voilà ce que nous sommes, nous, êtres humains.

3. Cessez de vous adresser des reproches et d'en adresser aux autres

Voilà un autre bon moyen de se déprimer soi-même, cette fois-ci par le biais de la culpabilité. Celle-ci est en général provoquée par l'idée de *devoir*, exprimée dans des phrases comme "J'aurais dû..." "Je n'aurais pas dû..." "Je ne devrais pas...". Toutes ces phrases sont irréalistes, puisqu'il n'est en aucune manière possible de démontrer que l'univers nous impose quelque devoir que ce soit. L'univers ne nous révèle, après étude, que ce qui se passe quand nous posons tel geste ou que nous nous abstenons de tel autre, mais il ne nous oblige à rien. La notion de *droit* est totalement absente de la réalité et ne se fonde que sur la notion de *loi*. Or, je veux bien qu'il existe des "lois" de l'univers, mais elles ne sont que *descriptives* et non pas *prescriptives*. C'est une chose de dire: "Si vous sautez du building, vous allez vous casser la figure, en conséquence de l'application de la loi de la gravité", mais c'en est une autre de dire: "Vous ne devriez pas sauter du building", à moins d'ajouter tout de suite "...si vous ne voulez pas vous casser la figure." On peut bien dire avec justesse: "Si vous battez votre femme, il est douteux qu'elle en ressente beaucoup d'affection pour vous" mais il est irréaliste de proclamer: "Vous ne devez pas battre votre femme."

Il existe, bien sûr, une foule de lois civiles, criminelles, sociales, et le reste. Mais *sommes*-nous contraints de nous y conformer? Bon nombre d'entre elles sont intelligentes et appropriées, et il nous sera alors *utile* de les observer, mais il en est d'autres qui sont folles et stupides et qu'il vaut souvent beaucoup mieux ignorer.

Bannissez donc de votre langage et de votre pensée les "Je dois" et "Il faut que". Rendez-vous compte que rien ne vous est interdit par la réalité, ce qui ne veut pas dire que vous avez toujours *intérêt* à faire n'importe quoi sous l'impulsion du moment. C'est à vos risques que vous violerez certaines lois humaines et il vous sera utile de ne pas le faire sans une bonne raison, c'est-à-dire en fonction d'un intérêt qui vous apparaît supérieur mais cessez de vous imaginer que vous *devez* faire une chose ou vous abstenir d'une autre. Qu'on ne vienne pas non plus me casser les oreilles en me serinant que cette attitude sonne le glas de toute morale. D'abord je ne suis pas très impressionné par les résultats obtenus jusqu'à maintenant dans l'histoire du monde par la morale du "Tu dois" et "Tu ne dois pas". Deuxièmement, remplacer la philosophie du "Je dois" par celle du "Cela peut être utile et avantageux" m'apparaît fournir une base encore bien plus solide à une authentique moralité humaine. Pourquoi la morale ne serait-elle pas d'abord l'art d'organiser sa vie et ses actes de la manière la plus utile et avantageuse par soi et les autres? Et est-il absurde d'espérer qu'au moins un certain nombre d'êtres humains apprennent à se guider selon ce principe au moins une partie du temps? Ils se délivreraient ainsi de tous les sentiments de culpabilité qui, loin de les amener à corriger leurs actes moins positifs, les conduisent trop souvent à les répéter ou du moins à brûler en pure perte une énergie qu'ils auraient pu consacrer à vivre plus intelligemment. Blâmer les autres et leur reprocher leurs méfaits réels ou imaginaires ne sert en général qu'à leur offrir l'occasion de devenir hostiles ou de tenter interminablement de se justifier. Il en est de même quand on se blâme soi-même et qu'on s'adresse des reproches. Il n'existe pas de reproches justifiés, qu'on les adresse à soi ou aux autres, chaque être humain étant parfaitement autorisé à vivre sa vie comme il l'entend, sans être contraint de se préoccuper des autres, même s'il est souvent absurde de ne pas le faire.

4. Cessez d'inventer des catastrophes

Il va vous être très utile de réaliser que les catastrophes n'existent pas en réalité bien qu'il nous soit possible d'en imaginer sans fin. Tout ce qui peut exister, ce sont des événements plus ou moins pénibles ou douloureux. Il est même possible qu'un événement ne comporte pour vous *aucun* avantage et seulement de graves inconvénients. On ne pourrait pas encore logiquement le dire catastrophique, puisque ce terme semble vouloir exprimer que la somme des inconvénients dépasse les 100%. Il en est de même pour les choses dites *affreuses, horribles, insupportables, atroces.* Ces termes décrivent des opinions et des interprétations du réel et non le réel lui-même. Si vous peuplez votre esprit de catastrophes et d'horreurs, vous réagirez émotivement par le désespoir ou la panique, et de quel profit ces émotions vous seront-elles? Ne vaut-il pas mieux considérer les choses de façon plus réaliste, sans minimiser leurs inconvénients, mais sans les exagérer non plus. Il n'est pas d'événement pénible dont la mort ne puisse vous délivrer et, compte tenu des difficultés que présente l'existence, il est fort heureux que nous ne soyons pas condamnés à vivre.

La tendance à catastropher est présente chez nous tous à divers degrés et au moins dans certains domaines, surtout dans ceux où nous nous imaginons que nous avons des besoins irremplaçables. Un peu de réflexion nous éviterait alors bien des anxiétés et des désarrois inutiles. J'ai eu une excellente démonstration de ce fait il y a quelques mois.

J'animais une session d'introduction à la méthode émotivo-rationnelle pour un groupe d'enseignants d'un collège de Montréal. L'une des premières activités que je proposai à ces personnes consistait à rendre compte en quelques lignes d'un événement récent à l'occasion duquel elles avaient ressenti une émotion désagréable quelconque. Je prévoyais exploiter ce matériel avec elles trois ou quatre semaines plus tard, à la fin de la session, puisque nous nous rencontrions un jour par semaine pendant six semaines. Les circonstances ont voulu que je ne puisse retrouver ce groupe que cinq mois plus tard. Nous sommes alors revenus sur les faits que ces personnes avaient rapportés auparavant, puisque j'avais conservé les documents anonymes où elles les avaient consignés.

Dans l'un des documents, l'un des participants racontait combien il s'était senti anxieux et désespéré à l'occasion de l'événement qu'il racontait. Quand nous avons lu ensemble cette histoire, et en avons fait l'analyse, il nous a été facile de constater combien l'auteur avait transformé en catastrophe un événement sans doute ennuyeux mais relativement mineur. Cela devint encore plus évident quand l'auteur s'identifia spontanément dans le groupe et déclara avoir complètement oublié ce qui lui était alors apparu comme un événement d'une terrible importance. N'en est-il pas souvent ainsi pour nous tous et n'aurions-nous pas avantage à nous répéter souvent que les catastrophes n'existent que dans notre tête?

5. Cessez de croire que vous pouvez être vraiment heureux en demeurant passif

Voilà une ornière dans laquelle nous nous embourbons tous un jour ou l'autre, bien que certains semblent en faire une spécialité! Nous sommes souvent habités par l'illusion qu'il vaut mieux ne rien faire que de prendre le risque d'agir, sans nous rendre compte que l'inaction comporte aussi des risques souvent plus grands. C'est souvent une illusion de croire que les choses vont s'arranger d'elles-mêmes, ou que le temps va faire à notre place ce que nous refusons d'accomplir. S'il est vrai qu'il est souvent adroit d'attendre un moment propice pour agir, il semble erroné de penser qu'il vaut toujours mieux attendre.

D'autre part, nous sommes tous dotés de capacités physiques et mentales dont l'exercice nous apporte souvent beaucoup de plaisir, même si leur mise en train initiale nous demande un effort. En fait, il semble difficile de retirer quelque plaisir de la vie sans d'abord y investir une dose d'effort souvent considérable, tout comme il ne faudra pas s'attendre à recueillir de l'intérêt d'un compte en banque qu'on laisse vide. L'intérêt, que ce soit l'intérêt monétaire ou l'intérêt psychologique, me semble être toujours la conséquence d'un investissement. La personne qui déclare ne ressentir aucun intérêt pour quoi que ce soit est souvent celle qui refuse de s'engager de quelque manière et attend passivement que les choses et les gens viennent agrémenter sa vie sans qu'elle ait à lever le petit doigt. À ceux qui mesurent chichement leurs efforts, la réalité ne verse que de maigres intérêts de bonheur.

En plus de la tendance innée et apprise à attendre que les choses nous tombent toutes cuites dans le bec, tendance probablement renforcée par notre état de dépendance comme enfants, certaines émotions, comme l'anxiété, viennent gêner notre engagement dans l'action. Il est difficile d'agir quand on se représente que toute erreur ou tout échec va constituer une catastrophe irréparable, ou que l'échec va entraîner une diminution de l'approbation des autres dont on se figure avoir *besoin*! L'action apparaît alors comme un terrible risque à courir et la tendance à la passivité s'en trouve renforcée.

6. Cessez d'imaginer que les autres vous doivent quelque chose

"Mais c'est injuste", répétait Caroline Bonenfant, "j'ai tout fait pour lui, je l'ai aimé, je me suis dévouée pour lui, je l'ai soutenu dans son travail, j'ai même sacrifié mes goûts pour lui plaire, et maintenant il me plante là pour partir avec une autre."

Il n'est certes pas facile de se convaincre que les choses et les personnes sont comme elles sont et agissent comme elles le font sans qu'il y ait quelque raison. Nous sommes tous portés à croire que quand les choses ne se passent pas comme nous le souhaiterions, cela est injuste et ne *devrait* pas arriver. Cette pensée est complètement injustifiable et consiste à prendre ses désirs pour la réalité.

En fait, les autres ne nous doivent rien. Que nous leur ayons fait du bien ou du mal ne nous autorise pas à exiger leur reconnaissance et ne nous condamne pas à mériter leur haine. Le mérite est une autre de ces notions arbitraires dont nous nous empoisonnons l'esprit. Que nous puissions éprouver du désappointement quand nous n'atteignons pas un objectif fortement désiré, rien de plus normal. Mais il est farfelu d'imaginer que parce qu'on a fait tout en son pouvoir (?) pour atteindre cet objectif, la réalité se doit de nous l'accorder. Autant croire qu'il *doit* faire beau quand on projette de jouer au tennis ou qu'il ne *doit pas* y avoir d'embouteillage quand on est pressé!

Nul d'entre nous n'est venu au monde doté du droit de recevoir des autres considération, égards ou reconnaissance. Ces choses nous arrivent parfois, et tant mieux. Mais quand elles ne se manifestent pas, il est incohérent de proclamer qu'elles le devraient. On ne réussit alors qu'à ajouter à la frustration des doses d'amertume, de ressentiment et d'hostilité, quand ce n'est pas de haine déclarée. De quoi se gâter la vie encore plus!

Vous me direz qu'il est difficile ou même impossible d'oublier l'ingratitude et le mépris des autres, et vous avez probablement raison. Mais il est également vrai qu'il ne sert à rien de s'y attarder interminablement et de ressasser sans fin ses vieilles désillusions. La vie est loin d'être toujours agréable, c'est vrai, mais il est rare qu'elle ne comporte que des frustrations. Autant s'attarder à savourer ses bons moments, même s'ils sont rares, qu'à mâchonner avec entêtement ses parties moins savoureuses.

C'est pourtant ce que nous faisons quand nous nous entêtons, à l'encontre de toute raison, à prétendre que nos enfants devraient nous être reconnaissants de ce que nous avons fait pour eux, ou notre conjoint plein de gratitude pour nos bons offices. Autant avaler d'un seul coup la pilule amère que de s'attarder à la déguster longuement. C'est se faire souffrir bêtement et inutilement.

7. Cessez de vous casser la tête avec des questions insolubles

Il faut bien se rendre compte qu'après des millénaires de civilisation, nous savons encore peu de choses de l'univers que nous habitons et que ce que nous en savons n'est pas toujours très important. Les réponses à certaines questions fondamentales continuent à nous échapper et certaines de ces questions sont formulées de telle manière qu'il nous est impossible d'y apporter une réponse satisfaisante et logiquement démontrable. Il en va ainsi pour des questions comme: "Pourquoi cet accident m'est-il arrivé?" "Qu'ai-je donc fait pour mériter d'être si durement traité?" "Pourquoi mourons-nous?" "Où allons-nous?" "D'où venons-nous?" "Pourquoi le monde est-il comme il est?"

Il n'existe pas de réponse à ces questions. Autant avouer que nous n'en savons rien pour l'instant et nous garder d'échafauder des théories plus ou moins vraisemblables pour tenter de leur apporter une réponse.

D'autre part, il peut être illusoire de passer beaucoup de temps à rechercher la cause de certains phénomènes, si la seule connaissance de cette cause ne nous permet pas d'agir pour en modifier les effets.

J'ai déjà reçu en consultation un jeune homme qui persistait à se demander pourquoi il était aussi timide avec les femmes. Comme je lui répondais que cette attitude était sans doute le fruit des idées et des croyances qu'il nourrissait à propos de lui-même et des femmes, il s'entêtait à se demander comment il avait pu en venir à penser de cette manière. Même s'il avait peut-être été possible, à force de recherches, de répondre à cette question avec un certain degré de vraisemblance, cette connaissance ne lui aurait rien donné et j'eus beaucoup de mal à le convaincre de cesser de tenter de répondre à cette question pour reporter son énergie sur la tâche plus pratique consistant à modifier ses croyances irréalistes. Qu'il les eût héritées de son père, de sa mère, du curé de la paroisse, de sa vieille tante ou qu'il se les fût forgées lui-même, peu importait. La vie est trop brève pour que l'on consacre de longs moments et beaucoup d'énergie à tenter de répondre à des questions inutiles.

Je ne prêche pas l'obscurantisme et je suis bien conscient qu'une recherche patiente peut souvent apporter des réponses dont la connaissance permet un bonheur accru et un progrès réel. Mais il n'en est pas toujours ainsi et il vaut mieux se demander clairement s'il y a quelque profit à tenter de résoudre une question, avant de consommer beaucoup de temps et d'efforts à le faire.

8. Cessez de tergiverser

"Pourquoi faire aujourd'hui ce qu'on peut faire demain?" semble être la devise de bien des gens. Pratiqué sur une petite échelle et à propos de détails, le système ne comporte en général pas beaucoup d'inconvénients. C'est quand il se généralise qu'il devient facilement ruineux. Ce qui n'était qu'un petit problème peut en devenir un grand avec le temps, comme vous ne le savez probablement que trop bien déjà.

La tendance à remettre sans cesse à plus tard des décisions importantes provient très souvent de l'idée qu'une erreur serait une chose terrible et démontrerait l'ineptie fondamentale de la personne. Avec de pareilles notions dans la tête, il devient très difficile de se décider et de s'en tenir à ses décisions.

9. Cessez de croire tout ce que vous entendez

C'est une triste constatation, mais il faut bien admettre que la plupart des gens énoncent une grande partie du temps des propos dénués de sens, bourrés d'illogismes, d'exagérations et de préjugés. Il n'y a pas à s'en surprendre outre mesure, tant il n'est pas facile d'apprendre à penser droitement et avec précision. Tel présentera des opinions sans fondement comme des vérités incontestables, tel autre affirmera comme évidentes des choses qui sont manifestement fausses, tel autre encore répétera inlassablement de vieilles scies vides de sens. Il convient donc de développer le plus possible son sens critique et de se garder d'adopter sans discussion tout ce qu'on répète. Une attitude de scepticisme fondamental semble la plus appropriée dans la plupart des cas. Même s'il n'est pas toujours opportun d'informer son interlocuteur de son scepticisme ou de se lancer avec lui dans de stériles et interminables discussions, il n'en reste pas moins très utile de n'ajouter foi qu'à ce qui est appuyé par une argumentation solide. C'est *très rarement* le cas. Des arguments comme: “Tout le monde sait ça” ou “Voyons donc, c'est évident” ne sont guère impressionnants. Il ne s'agit pas de chercher les poils sur les oeufs, mais pas non plus de tout gober naïvement. Souvenez-vous que la personne qui affirme quelque chose avec force, mais sans preuves a le plus souvent avantage à vous convaincre de penser comme elle. Si vous pouvez discerner cet avantage, il vous sera plus facile d'éviter de donner dans le panneau. Même si la personne déclare à qui veut l'entendre qu'elle ne veut que votre bien, ce n'est pas une raison pour conclure certainement qu'il en est bien ainsi et qu'elle ne poursuit pas, consciemment ou inconsciemment, un avantage personnel.

Il semble bien clair que toutes les formes de publicité sont, à cet égard, particulièrement soupçonnables. Sans devenir pour autant paranoïaque, il vous sera utile de tenir pour suspecte toute proposition dans laquelle l'interlocuteur se présente comme un bienfaiteur désintéressé, uniquement soucieux de votre avantage et entièrement voué à votre plus grand bonheur. La part des paroles sensées sera, me semble-t-il, toujours bien réduite par rapport à l'imposante masse des sottises proférées d'un air entendu.

En somme, il vaut mieux ne rien *croire,* ne donner son assentiment, et souvent encore avec réserve, qu'à ce qui repose sur une solide argumentation. Il est sans doute dommage qu'il en soit ainsi, et la vie s'en trouve compliquée d'autant, mais voilà le monde dans lequel nous vivons et dans lequel la naïveté ne constitue pas un passeport pour le bonheur.

10. Cessez de vous cantonner dans le rôle de victime

"Là où les moutons abondent, les loups sont gros et gras". Comme chacun en ce monde recherche consciemment ou non son propre avantage sans se soucier beaucoup de celui de l'autre, à moins qu'il ne conçoive que l'avantage de l'autre ne soit susceptible de l'avantager lui-même, il s'ensuit que vous serez facilement l'objet d'une exploitation consciente ou inconsciente, même de la part de ceux que vous aimez le plus et qui déclarent entretenir envers vous le même sentiment. Les êtres humains ne sont pas en général des enfants de choeur, même si leur égocentrisme se déguise souvent sous les traits de la faiblesse, du malheur ou même de l'altruisme. Vous vous placez dans le rôle de la victime quand vous laissez vos enfants vous transformer en chauffeur de taxi ou en restaurateur, quand vous permettez à votre conjoint de vous manipuler par ses larmes ou ses protestations de bonne volonté, quand vous laissez votre patron vous rémunérer en partie par des bonnes paroles, quand vous acquiescez sans protester aux exigences déraisonnables des autres ou à leurs décisions unilatérales.

Combien de fois avez-vous, après un repas dont vous n'étiez pas satisfait et où on vous avait mal servi, laissé quand même un pourboire tout en maugréant? Combien de fois, dans un hôtel, avez-vous payé le plein prix, sans réclamer, même si votre chambre était sale et que le climatiseur ne fonctionnait pas alors qu'il faisait 30°? Combien de fois avez-vous continué à écouter en pestant des personnes qui vous assommaient de leurs confidences? Combien de fois avez-vous consenti, au magasin d'alimentation, à acheter trois kilos d'oignons alors que vous n'en vouliez qu'un, parce que les seuls sacs disponibles en contenaient trois? Combien de fois avez-vous dit "oui" alors que vous pensiez "non"?

Rendez-vous compte qu'à chaque fois que vous agissez ainsi, vous vous placez vous-même dans le rôle de victime et que par votre propre inaction vous favorisez la perpétuation d'un système que vous êtes sans doute le premier à déplorer. Vous êtes mieux d'apprendre à vous passer de l'approbation universelle, qui renferme d'ailleurs souvent plus de mépris que de véritable approbation, si vous ne voulez pas être la cible de tous ceux qu'une bonne poire attire.

Cependant, rappelez-vous bien que c'est rarement en parlant seulement que vous amènerez les autres à cesser leur exploitation. Un geste vaut ici des milliers de mots. Votre propriétaire retarde sans cesse de procéder aux réparations les plus banales à votre appartement? Après l'avoir demandé clairement *une* fois, essayez de lui payer le prochain mois de loyer avec un chèque non signé auquel vous avez joint une note où vous l'avertissez poliment qu'il vous fera grand plaisir de signer ce chèque quand il aura réparé les tuyaux de votre évier. Les enfants laissent traîner leur linge sale un peu partout, mais hurlent comme des putois s'ils ne trouvent pas dans leur garde-robe une chemise propre? Ne ramassez plus rien et ne lavez que ce qui est déposé dans la corbeille à linge sale. Peu de paroles, juste ce qu'il faut pour vous faire comprendre. Passez aux actes, avec fermeté, sans brutalité et même avec le large sourire qui illumine la figure de celui qui est résolu, tout en reconnaissant pleinement le droit des autres à agir comme ils l'entendent, à se reconnaître ce même droit à lui-même. Il ne s'agit donc pas d'une démarche hostile, rancunière, agressive, mais seulement d'une attitude décidée et affirmative.

11. Cessez de vous prendre pour un impuissant

Vous vous êtes peut-être conditionné depuis des années à croire que vous étiez impuissant à régler seul vos problèmes et qu'il vous fallait sans cesse compter sur l'aide des autres. Cette idée est probablement presque complètement fausse et demande à être remplacée par une évaluation plus juste de vos propres capacités. Il se présentera sans doute toute votre vie de nombreuses occasions où vous pourrez tirer profit d'un coup de main et de l'appui des autres, mais il y a certainement bien des choses que vous pouvez faire seul, ou que vous pourrez apprendre à faire sans aide. Votre état de dépendance provient presque certainement de votre *définition* de vous-même comme un être fragile et faible, sans cesse exposé à s'écrouler. Quelle est la valeur de cette définition et jusqu'à quel point correspond-elle au réel? Souvenez-vous que peu de choses sont vraiment gratuites et que vous payez probablement d'une manière ou d'une autre l'aide que vous demandez. Avant de demander cette aide, examinez avec soin si vous ne pouvez pas vraiment vous en tirer seul, peut-être en dépensant plus d'effort, mais en *apprenant* une nouvelle démarche. Vous savez bien que ce que vous avez le mieux appris dans votre vie, c'est très souvent ce que vous avez vous-même fait, plutôt que ce que vous avez confié à d'autres.

La meilleure aide que vous puissiez jamais recevoir sera celle qui vous apprendra à se passer d'elle et qui vous donnera l'occasion de découvrir que vous pouvez sans elle faire ce que vous ne croyiez possible qu'avec son assistance. Voilà, entre autres, le type d'aide qu'une psychothérapie bien menée devrait logiquement vous apporter. En repensant vigoureusement à vos présuppositions et en vérifiant soigneusement vos définitions de vous-même, en vous engageant hardiment dans l'action, il vous sera sans doute possible de vous défaire presque complètement de votre image d'impuissant, dans tous les sens du mot.

12. Fuyez!

Autant il est souvent profitable d'affronter avec fermeté des situations difficiles et avantageux de combattre sa propre passivité et les peurs qui la causent souvent, autant il est également approprié de laisser de côté des combats inutiles et de se retirer de situations où l'on dépense sans profit ses énergies. Certaines fuites constituent encore l'attitude la plus réaliste dans de nombreux cas. Sans doute il n'est souvent pas très facile de décider quand il vaut mieux fuir que faire face, sauf dans ces cas où l'on est confronté sans arme à un lion rugissant. Cependant, pensez à ce qu'il conviendrait de faire si, engagé dans un travail d'équipe avec d'autres personnes, vous constatiez que les autres membres de l'équipe ne s'acquittent pas de leur part de travail et vous remettent systématiquement sur les épaules ce qu'ils se sont engagés à faire. Après en avoir parlé clairement, il vaudrait peut-être mieux que vous vous retiriez d'une telle équipe. Il se peut également qu'après avoir raisonnablement essayé d'en arriver à une meilleure entente avec votre conjoint, vous constatiez que le divorce soit la moins mauvaise solution à la situation. Si vos associés en affaires se comportent de façon inefficace et qui vous pénalise, vous aurez peut-être avantage à sauter du bateau avant qu'il ne sombre. Si vous vous ennuyez à une soirée, il vaut peut-être mieux rentrer chez vous. Si dans un autobus l'un des voyageurs est ivre, vous n'avez probablement pas avantage à vous asseoir à ses côtés. La terre est remplie de gens qui se comportent de façon importune et ennuyeuse et il me semble qu'il vaut mieux les fuir que de dépenser beaucoup d'énergie à tenter de les persuader de cesser d'agir comme ils le font.

Voilà donc une douzaine de manières dont vous pourriez cesser de vous gâter inutilement l'existence. Certaines souffrances sont utiles, non pas en elles-mêmes, mais parce qu'elles sont indissociables de gestes utiles et profitables, mais d'autres sont rigoureusement inutiles, n'apportent que des ennuis et l'on peut bien s'en passer sans dommage pour personne. Si vous organisez intelligemment vos pensées et vos actions, il vous est possible de connaître beaucoup de bonheur, même dans ce monde très imparfait qui est le nôtre.

Sommaire

OUVRAGES PARUS AUX ÉDITIONS

La personne

COMMUNICATION ET ÉPANOUISSEMENT PERSONNEL
Lucien Auger (1972) *Editions de l'Homme — Editions du CIM*

J'AIME
Yves Saint-Arnaud (1978) *Editions de l'Homme — Editions du CIM*

L'AMOUR
Lucien Auger (1979) *Editions de l'Homme — Editions du CIM*

LA PERSONNE HUMAINE
Yves Saint-Arnaud (1974) *Editions de l'Homme — Editions du CIM*

S'AIDER SOI-MÊME
Lucien Auger (1974) *Editions de l'Homme — Editions du CIM*

SE CONNAÎTRE SOI-MÊME: CRISE D'IDENTITÉ DE L'ADULTE
Gérard Artaud (1978) *Editions de l'Homme — Editions du CIM*

UNE THÉORIE DU CHANGEMENT DE LA PERSONNALITÉ
Gendlin (Roussel) (1975) *Editions du CIM*

VAINCRE SES PEURS
Lucien Auger (1977) *Editions de l'Homme — Editions du CIM*

SE COMPRENDRE SOI-MÊME
Collaboration (1979) *Editions de l'Homme — Editions du CIM*

LA PREMIÈRE IMPRESSION
Chris L. Kleinke (1979) *Editions de l'Homme — Editions du CIM*

S'AFFIRMER ET COMMUNIQUER
Jean-Marie Boisvert et Madeleine Beaudry (1979) *Editions de l'Homme — Editions du CIM*

ÊTRE SOI-MÊME
Dorothy Corkille Briggs (1979) *Editions de l'Homme — Editions du CIM*

VIVRE AVEC SA TÊTE OU AVEC SON COEUR
Lucien Auger (1979) *Editions de l'Homme — Editions du CIM*

Groupes et organisations

DYNAMIQUE DES GROUPES
Aubry et Saint-Arnaud (1975) *Editions de l'Homme — Editions du CIM*

ESSAI SUR LES FONDEMENTS PSYCHOLOGIQUES DE LA COMMUNAUTÉ
Yves Saint-Arnaud (1970) *Editions du CIM* — épuisé

L'EXPÉRIENCE DES RETRAITES EN DIALOGUE
Louis Fèvre (1974) *Desclée de Brouwer — Editions du CIM*

LE GROUPE OPTIMAL I: MODÈLE DESCRIPTIF DE LA VIE EN GROUPE
Yves Saint-Arnaud (1972) *Editions du CIM* — épuisé

LE GROUPE OPTIMAL II: THÉORIE PROVISOIRE DU GROUPE OPTIMAL
Yves Saint-Arnaud (1972) *Editions du CIM* — épuisé

LE GROUPE OPTIMAL III: SA SITUATION DANS L'ENSEMBLE DES RECHERCHES
Rolland-Bruno Tremblay (1974) *Editions du CIM*

LE GROUPE OPTIMAL IV: GRILLES D'ANALYSE THÉORIQUES ET PRATIQUES DU GROUPE RESTREINT
Yves Saint-Arnaud (1976) *Editions du CIM* — épuisé

LES PETITS GROUPES: PARTICIPATION ET COMMUNICATION
Yves Saint-Arnaud (1978) *Les Presses de L'Université de Montréal — Editions du CIM*

SAVOIR ORGANISER, SAVOIR DÉCIDER
Gérald Lefebvre (1975) *Editions de l'Homme — Editions du CIM*

STRUCTURE DE L'ENTREPRISE ET CAPACITÉ D'INNOVATION
André-Jean Rigny (1973) *Editions hommes et techniques*

Imprimé au Canada/Printed in Canada

Ouvrages parus aux ÉDITIONS DE L'HOMME

sans * pour l'Amérique du Nord seulement
*** pour l'Europe et l'Amérique du Nord**
**** pour l'Europe seulement**

ALIMENTATION — SANTÉ

Allergies, Les, Dr Pierre Delorme
* **Cellulite, La,** Dr Jean-Paul Ostiguy
Conseils de mon médecin de famille, Les, Dr Maurice Lauzon
Contrôler votre poids, Dr Jean-Paul Ostiguy
Diététique dans la vie quotidienne, La, Louise Lambert-Lagacé
Face-lifting par l'exercice, Le, Senta Maria Rungé
* **Guérir ses maux de dos,** Dr Hamilton Hall
* **Maigrir en santé,** Denyse Hunter
* **Maigrir, un nouveau régime de vie,** Edwin Bayrd
Massage, Le, Byron Scott
Médecine esthétique, La, Dr Guylaine Lanctôt
* **Régime pour maigrir,** Marie-Josée Beaudoin
* **Sport-santé et nutrition,** Dr Jean-Paul Ostiguy
* **Vivre jeune,** Myra Waldo

ART CULINAIRE

Agneau, L', Jehane Benoit
Art d'apprêter les restes, L', Suzanne Lapointe
* **Art de la cuisine chinoise, L',** Stella Chan
Art de la table, L', Marguerite du Coffre
Boîte à lunch, La, Louise Lambert-Lagacé
Bonne table, La, Juliette Huot
Brasserie la Mère Clavet vous présente ses recettes, La, Léo Godon
Canapés et amuse-gueule
101 omelettes, Claude Marycette
Cocktails de Jacques Normand, Les, Jacques Normand
Confitures, Les, Misette Godard
* **Congélation des aliments, La,** Suzanne Lapointe
* **Conserves, Les,** Soeur Berthe
* **Cuisine au wok, La,** Charmaine Solomon
Cuisine chinoise, La, Lizette Gervais
Cuisine de Maman Lapointe, La, Suzanne Lapointe
Cuisine de Pol Martin, La, Pol Martin
Cuisine des 4 saisons, La, Hélène Durand-LaRoche
* **Cuisine du monde entier, La,** Jehane Benoit
Cuisine en fête, La, Juliette Lassonde
Cuisine facile aux micro-ondes, Pauline Saint-Amour
* **Cuisine micro-ondes, La,** Jehane Benoit
Desserts diététiques, Claude Poliquin
Du potager à la table, Paul Pouliot, Pol Martin
En cuisinant de 5 à 6, Juliette Huot
* **Faire son pain soi-même,** Janice Murray Gill
* **Fèves, haricots et autres légumineuses,** Tess Mallos
Fondue et barbecue
* **Fondues et flambées de Maman Lapointe,** S. et L. Lapointe
Fruits, Les, John Goode
Gastronomie au Québec, La, Abel Benquet
Grande cuisine au Pernod, La, Suzanne Lapointe
Grillades, Les
* **Guide complet du barman, Le,** Jacques Normand
Hors-d'oeuvre, salades et buffets froids, Louis Dubois

Légumes, Les, John Goode
Liqueurs et philtres d'amour, Hélène Morasse
Ma cuisine maison, Jehane Benoit
Madame reçoit, Hélène Durand-LaRoche
* **Menu de santé,** Louise Lambert-Lagacé
Pâtes à toutes les sauces, Les, Lucette Lapointe
Pâtisserie, La, Maurice-Marie Bellot
Petite et grande cuisine végétarienne, Manon Bédard
Poissons et crustacés
Poissons et fruits de mer, Soeur Berthe
* **Poulet à toutes les sauces, Le,** Monique Thyraud de Vosjoli
Recettes à la bière des grandes cuisines Molson, Les, Marcel L. Beaulieu
Recettes au blender, Juliette Huot
Recettes de gibier, Suzanne Lapointe
Recettes de Juliette, Les, Juliette Huot
Recettes pour aider à maigrir, Dr Jean-Paul Ostiguy
Robot culinaire, Le, Pol Martin
Sauces pour tous les plats, Huguette Gaudette, Suzanne Colas
* **Techniques culinaires, Les,** Soeur Berthe
* **Une cuisine sage,** Louise Lambert-Lagacé
Vins, cocktails et spiritueux, Gilles Cloutier
Y'a du soleil dans votre assiette, Francine Georget

DOCUMENTS — BIOGRAPHIES

Art traditionnel au Québec, L', M. Lessard et H. Marquis
Artisanat québécois, T. I, Cyril Simard
Artisanat québécois, T. II, Cyril Simard
Artisanat québécois, T. III, Cyril Simard
Bien pensants, Les, Pierre Berton
Charlebois, qui es-tu? Benoît L'Herbier
Comité, Le, M. et P. Thyraud de Vosjoli
Daniel Johnson, T. I, Pierre Godin
Daniel Johnson, T. II, Pierre Godin
Deux innocents en Chine Rouge, Jacques Hébert, Pierre E. Trudeau
Duplessis, l'ascension, T. I, Conrad Black
Duplessis, le pouvoir, T. II, Conrad Black
Dynastie des Bronfman, La, Peter C. Newman
Écoles de rang au Québec, Les, Jacques Dorion
* **Ermite, L',** T. Lobsang Rampa
Establishment canadien, L', Peter C. Newman
Fabuleux Onassis, Le, Christian Cafarakis
Filière canadienne, La, Jean-Pierre Charbonneau
Frère André, Le, Micheline Lachance
Insolences du frère Untel, Les, Frère Untel
Invasion du Canada L', T. I, Pierre Berton
Invasion du Canada L', T. II, Pierre Berton
John A. Macdonald, T. I, Donald Creighton
John A. Macdonald, T. II, Donald Creighton
Lamia, P.L. Thyraud de Vosjoli
Magadan, Michel Solomon
Maison traditionnelle au Québec, La, M. Lessard, G. Vilandré
Mammifères de mon pays, Les, St-Denys-Duchesnay-Dumais
Masques et visages du spiritualisme contemporain, Julius Evola
Mastantuono, M. Mastantuono, M. Auger
Mon calvaire roumain, Michel Solomon
Moulins à eau de la vallée du St-Laurent, Les, F. Adam-Villeneuve, C. Felteau
Mozart raconté en 50 chefs-d'oeuvre, Paul Roussel
Nos aviateurs, Jacques Rivard
Nos soldats, George F.G. Stanley
Nouveaux Riches, Les, Peter C. Newman
Objets familiers de nos ancêtres, Les, Vermette, Genêt, Décarie-Audet
Oui, René Lévesque
* **OVNI,** Yurko Bondarchuck
Papillons du Québec, Les, B. Prévost et C. Veilleux
Patronage et patroneux, Alfred Hardy
Petite barbe, j'ai vécu 40 ans dans le Grand Nord, La, André Steinmann
* **Pour entretenir la flamme,** T. Lobsang Rampa
Prague, l'été des tanks, Desgraupes, Dumayet, Stanké
Prince de l'Église, le cardinal Léger, Le, Micheline Lachance

Provencher, le dernier des coureurs de bois, Paul Provencher
Réal Caouette, Marcel Huguet
Révolte contre le monde moderne, Julius Evola
Struma, Le, Michel Solomon
Temps des fêtes au Québec, Le, Raymond Montpetit
Terrorisme québécois, Le, Dr Gustave Morf
* **Treizième chandelle, La,** T. Lobsang Rampa
Troisième voie, La, Me Emile Colas
Trois vies de Pearson, Les, J.-M. Poliquin, J.R. Beal
Trudeau, le paradoxe, Anthony Westell
Vizzini, Sal Vizzini
Vrai visage de Duplessis, Le, Pierre Laporte

ENCYCLOPÉDIES

Encyclopédie de la chasse au Québec, Bernard Leiffet
Encyclopédie de la maison québécoise, M. Lessard, H. Marquis
* **Encyclopédie de la santé de l'enfant, L',** Richard I. Feinbloom
Encyclopédie des antiquités du Québec, M. Lessard, H. Marquis
Encyclopédie des oiseaux du Québec, W. Earl Godfrey
Encyclopédie du jardinier horticulteur, W.H. Perron
Encyclopédie du Québec, vol. I, Louis Landry
Encyclopédie du Québec, vol. II, Louis Landry

ENFANCE ET MATERNITÉ

* **Aider son enfant en maternelle et en 1ère année,** Louise Pedneault-Pontbriand
* **Aider votre enfant à lire et à écrire,** Louise Doyon-Richard
Avoir un enfant après 35 ans, Isabelle Robert
* **Comment avoir des enfants heureux,** Jacob Azerrad
Comment amuser nos enfants, Louis Stanké
* **Comment nourrir son enfant,** Louise Lambert-Lagacé
* **Découvrez votre enfant par ses jeux,** Didier Calvet
Des enfants découvrent l'agriculture, Didier Calvet
* **Développement psychomoteur du bébé, Le,** Didier Calvet
* **Douze premiers mois de mon enfant, Les,** Frank Caplan
Droits des futurs parents, Les, Valmai Howe Elkins
* **En attendant notre enfant,** Yvette Pratte-Marchessault
Enfant unique, L', Ellen Peck
* **Éveillez votre enfant par des contes,** Didier Calvet
* **Exercices et jeux pour enfants,** Trude Sekely
Femme enceinte, La, Dr Robert A. Bradley
Futur père, Yvette Pratte-Marchessault
* **Jouons avec les lettres,** Louise Doyon-Richard
* **Langage de votre enfant, Le,** Claude Langevin
Maman et son nouveau-né, La, Trude Sekely
Merveilleuse histoire de la naissance, Dr Lionel Gendron
Pour bébé, le sein ou le biberon, Yvette Pratte-Marchessault
Pour vous future maman, Trude Sekely
* **Préparez votre enfant à l'école,** Louise Doyon-Richard
* **Psychologie de l'enfant, La,** Françoise Cholette-Pérusse
* **Tout se joue avant la maternelle,** Isuba Mansuka
* **Trois premières années de mon enfant, Les,** Dr Burton L. White
* **Une naissance apprivoisée,** Edith Fournier, Michel Moreau

LANGUE

Améliorez votre français, Jacques Laurin
* **Anglais par la méthode choc, L',** Jean-Louis Morgan

Corrigeons nos anglicismes, Jacques Laurin
* **J'apprends l'anglais,** G. Silicani et J. Grisé-Allard
Notre français et ses pièges, Jacques Laurin
Petit dictionnaire du joual au français, Augustin Turennes
Verbes, Les, Jacques Laurin

LITTÉRATURE

Adieu Québec, André Bruneau
Allocutaire, L', Gilbert Langlois
Arrivants, Les, collaboration
Berger, Les, Marcel Cabay-Marin
Bigaouette, Raymond Lévesque
Carnivores, Les, François Moreau
Carré St-Louis, Jean-Jules Richard
Centre-ville, Jean-Jules Richard
Chez les termites, Madeleine Ouellette-Michalska
Commettants de Caridad, Les, Yves Thériault
Danka, Marcel Godin
Débarque, La, Raymond Plante
Domaine Cassaubon, Le, Gilbert Langlois
Doux mal, Le, Andrée Maillet
D'un mur à l'autre, Paul-André Bibeau
Emprise, L', Gaétan Brulotte
Engrenage, L', Claudine Numainville
En hommage aux araignées, Esther Rochon
Faites de beaux rêves, Jacques Poulin
Fuite immobile, La, Gilles Archambault
J'parle tout seul quand Jean Narrache, Émile Coderre
Jeu des saisons, Le, Madeleine Ouellette-Michalska
Marche des grands cocus, La, Roger Fournier
Monde aime mieux..., Le, Clémence Desrochers
Mourir en automne, Claude DeCotret
N'Tsuk, Yves Thériault
Neuf jours de haine, Jean-Jules Richard
New medea, Monique Bosco
Outaragasipi, L', Claude Jasmin
Petite fleur du Vietnam, La, Clément Gaumont
Pièges, Jean-Jules Richard
Porte silence, Paul-André Bibeau
Requiem pour un père, François Moreau
Si tu savais..., Georges Dor
Tête blanche, Marie-Claire Blais
Trou, Le, Sylvain Chapdeleine
Visages de l'enfance, Les, Dominique Blondeau

LIVRES PRATIQUES — LOISIRS

Améliorons notre bridge, Charles A. Durand
* **Art du dressage de défense et d'attaque, L',** Gilles Chartier
* **Art du pliage du papier, L',** Robert Harbin
* **Baladi, Le,** Micheline d'Astous
* **Ballet-jazz, Le,** Allen Dow et Mike Michaelson
* **Belles danses, Les,** Allen Dow et Mike Michaelson
Bien nourrir son chat, Christian d'Orangeville
Bien nourrir son chien, Christian d'Orangeville
Bonnes idées de maman Lapointe, Les, Lucette Lapointe
* **Bridge, Le,** Vivianne Beaulieu
Budget, Le, en collaboration
Choix de carrières, T. I, Guy Milot
Choix de carrières, T. II, Guy Milot
Choix de carrières, T. III, Guy Milot
Collectionner les timbres, Yves Taschereau
Comment acheter et vendre sa maison, Lucile Brisebois
Comment rédiger son curriculum vitae, Julie Brazeau
Comment tirer le maximum d'une mini-calculatrice, Henry Mullish
Conseils aux inventeurs, Raymond-A. Robic
Construire sa maison en bois rustique, D. Mann et R. Skinulis
Crochet jacquard, Le, Brigitte Thérien
Cuir, Le, L. St-Hilaire, W. Vogt
* **Découvrir son ordinateur personnel,** François Faguy
Dentelle, La, Andrée-Anne de Sève
Dentelle II, La, Andrée-Anne de Sève
Dictionnaire des affaires, Le, Wilfrid Lebel

* **Dictionnaire des mots croisés — noms communs,** Paul Lasnier
* **Dictionnaire des mots croisés — noms propres,** Piquette-Lasnier-Gauthier

Dictionnaire économique et financier, Eugène Lafond
* **Dictionnaire raisonné des mots croisés,** Jacqueline Charron

Emploi idéal en 4 minutes, L', Geoffrey Lalonde
Étiquette du mariage, L', Marcelle Fortin-Jacques
Faire son testament soi-même, Me G. Poirier et M. Nadeau Lescault
Fins de partie aux dames, H. Tranquille et G. Lefebvre
Fléché, Le, F. Bourret, L. Lavigne
Frivolité, La, Alexandra Pineault-Vaillancourt
Gagster, Claude Landré
Guide complet de la couture, Le, Lise Chartier
* **Guide complet des cheveux, Le,** Phillip Kingsley

Guide du chauffage au bois, Le, Gordon Flagler
* **Guitare, La,** Peter Collins

Hypnotisme, L', Jean Manolesco
* **J'apprends à dessiner,** Joanna Nash

Jeu de la carte et ses techniques, Le, Charles A. Durand
Jeux de cartes, Les, George F. Hervey
* **Jeux de dés, Les,** Skip Frey

Jeux d'hier et d'aujourd'hui, S. Lavoie et Y. Morin
* **Jeux de société,** Louis Stanké
* **Jouets, Les,** Nicole Bolduc
* **Lignes de la main, Les,** Louis Stanké

Loi et vos droits, La, Me Paul-Émile Marchand
Magie et tours de passe-passe, Ian Adair
Magie par la science, La, Walter B. Gibson
* **Manuel de pilotage**

Marionnettes, Les, Roger Régnier
Mécanique de mon auto, La, Time Life Books
* **Mon chat, le soigner, le guérir,** Christian d'Orangeville

Nature et l'artisanat, La, Soeur Pauline Roy
* **Noeuds, Les,** George Russel Shaw

Nouveau guide du propriétaire et du locataire, Le, Mes M. Bolduc, M. Lavigne, J. Giroux
* **Ouverture aux échecs, L',** Camille Coudari

Papier mâché, Le, Roger Régnier
P'tite ferme, les animaux, La, Jean-Claude Trait
Petit manuel de la femme au travail, Lise Cardinal
Poids et mesures, calcul rapide, Louis Stanké
Races de chats, chats de race, Christian d'Orangeville
Races de chiens, chiens de race, Christian d'Orangeville
Roulez sans vous faire rouler, T. I, Philippe Edmonston
Roulez sans vous faire rouler, T. II, le guide des voitures d'occasion, Philippe Edmonston
Savoir-vivre d'aujourd'hui, Le, Marcelle Fortin-Jacques
Savoir-vivre, Nicole Germain
Scrabble, Le, Daniel Gallez
Secrétaire bilingue, Le/la, Wilfrid Lebel
Secrétaire efficace, La, Marian G. Simpsons
Tapisserie, La, T.M. Perrier, N.B. Langlois
* **Taxidermie, La,** Jean Labrie

Tenir maison, Françoise Gaudet-Smet
Terre cuite, Robert Fortier
Tissage, Le, G. Galarneau, J. Grisé-Allard
Tout sur le macramé, Virginia I. Harvey
Trouvailles de Clémence, Les, Clémence Desrochers
2001 trucs ménagers, Lucille Godin
Vive la compagnie, Pierre Daigneault
Vitrail, Le, Claude Bettinger
Voir clair aux dames, H. Tranquille, G. Lefebvre
* **Voir clair aux échecs,** Henri Tranquille
* **Votre avenir par les cartes,** Louis Stanké

Votre discothèque, Paul Roussel

PHOTOGRAPHIE

* **8/super 8/16,** André Lafrance
* **Apprendre la photo de sport,** Denis Brodeur
* **Apprenez la photographie avec Antoine Desilets**
* **Chasse photographique, La,** Louis-Philippe Coiteux
* **Découvrez le monde merveilleux de la photographie,** Antoine Desilets
* **Je développe mes photos,** Antoine Desilets

* **Guide des accessoires et appareils photos, Le,** Antoine Desilets, Paul Taillefer
* **Je prends des photos,** Antoine Desilets
* **Photo à la portée de tous, La,** Antoine Desilets
* **Photo de A à Z, La,** Desilets, Coiteux, Gariépy
* **Photo Reportage,** Alain Renaud
* **Technique de la photo, La,** Antoine Desilets

PLANTES ET JARDINAGE

Arbres, haies et arbustes, Paul Pouliot
Automne, le jardinage aux quatre saisons, Paul Pouliot
* **Décoration intérieure par les plantes, La,** M. du Coffre, T. Debeur

Été, le jardinage aux quatre saisons, Paul Pouliot
Guide complet du jardinage, Le, Charles L. Wilson
Hiver, le jardinage aux quatre saisons, Paul Pouliot
Jardins d'intérieur et serres domestiques, Micheline Lachance
Jardin potager, la p'tite ferme, Le, Jean-Claude Trait
Je décore avec des fleurs, Mimi Bassili
Plantes d'intérieur, Les, Paul Pouliot
Printemps, le jardinage aux quatre saisons, Paul Pouliot
Techniques du jardinage, Les, Paul Pouliot
* **Terrariums, Les,** Ken Kayatta et Steven Schmidt

Votre pelouse, Paul Pouliot

PSYCHOLOGIE

Âge démasqué, L', Hubert de Ravinel
* **Aider mon patron à m'aider,** Eugène Houde
* **Amour, de l'exigence à la préférence, L',** Lucien Auger

Caractères et tempéraments, Claude-Gérard Sarrazin
* **Coeur à l'ouvrage, Le,** Gérald Lefebvre
* **Comment animer un groupe,** collaboration
* **Comment déborder d'énergie,** Jean-Paul Simard
* **Comment vaincre la gêne et la timidité,** René-Salvator Catta
* **Communication dans le couple, La,** Luc Granger
* **Communication et épanouissement personnel,** Lucien Auger

Complexes et psychanalyse, Pierre Valinieff
* **Contact,** Léonard et Nathalie Zunin
* **Courage de vivre, Le,** Dr Ari Kiev

Dynamique des groupes, J.M. Aubry, Y. Saint-Arnaud
* **Émotivité et efficacité au travail,** Eugène Houde
* **Être soi-même,** Dorothy Corkille Briggs
* **Facteur chance, Le,** Max Gunther
* **Fantasmes créateurs, Les,** J.L. Singer, E. Switzer

Frères — Soeurs, la rivalité fraternelle, Dr J.F. McDermott, Jr
* **Hypnose, bluff ou réalité?,** Alain Marillac
* **Interprétez vos rêves,** Louis Stanké
* **J'aime,** Yves Saint-Arnaud
* **Mise en forme psychologique, La,** Richard Corriere et Joseph Hart
* **Parle moi... j'ai des choses à te dire,** Jacques Salomé

Penser heureux, Lucien Auger
* **Personne humaine, La,** Yves Saint-Arnaud
* **Première impression, La,** Chris. L. Kleinke
* **Psychologie de l'amour romantique, La,** Dr Nathaniel Branden
* **S'affirmer et communiquer,** J.-M. Boisvert, M. Beaudry
* **S'aider soi-même,** Lucien Auger
* **S'aider soi-même davantage,** Lucien Auger
* **S'aimer pour la vie,** Dr Zev Wanderer et Erika Fabian
* **Savoir organiser, savoir décider,** Gérald Lefebvre
* **Savoir relaxer pour combattre le stress,** Dr Edmund Jacobson
* **Se changer,** Michael J. Mahoney
* **Se comprendre soi-même,** collaboration
* **Se concentrer pour être heureux,** Jean-Paul Simard

* **Se connaître soi-même,** Gérard Artaud
* **Se contrôler par le biofeedback,** Paultre Ligondé
* **Se créer par la gestalt,** Joseph Zinker
Se guérir de la sottise, Lucien Auger
S'entraider, Jacques Limoges
Séparation du couple, La, Dr Robert S. Weiss
* **Trouver la paix en soi et avec les autres,** Dr Theodor Rubin
* **Vaincre ses peurs,** Lucien Auger
* **Vivre avec sa tête ou avec son coeur,** Lucien Auger
Volonté, l'attention, la mémoire, La, Robert Tocquet
Votre personnalité, caractère..., Yves Benoit Morin
* **Vouloir c'est pouvoir,** Raymond Hull
Yoga, corps et pensée, Bruno Leclercq
Yoga des sphères, Le, Bruno Leclercq

SEXOLOGIE

* **Avortement et contraception,** Dr Henry Morgentaler
* **Bien vivre sa ménopause,** Dr Lionel Gendron
* **Comment séduire les femmes,** E. Weber, M. Cochran
* **Comment séduire les hommes,** Nicole Ariana
Fais voir! W. McBride et Dr H.F.-Hardt
* **Femme enceinte et la sexualité, La,** Elizabeth Bing, Libby Colman
Femme et le sexe, La, Dr Lionel Gendron
* **Guide gynécologique de la femme moderne, Le,** Dr Sheldon H. Sherry
Helga, Eric F. Bender
Homme et l'art érotique, L', Dr Lionel Gendron
Maladies transmises sexuellement, Les, Dr Lionel Gendron
Qu'est-ce qu'un homme? Dr Lionel Gendron
Quel est votre quotient psycho-sexuel? Dr Lionel Gendron
* **Sexe au féminin, Le,** Carmen Kerr
Sexualité, La, Dr Lionel Gendron
* **Sexualité du jeune adolescent, La,** Dr Lionel Gendron
Sexualité dynamique, La, Dr Paul Lefort
* **Ta première expérience sexuelle,** Dr Lionel Gendron et A.-M. Ratelle
* **Yoga sexe,** S. Piuze et Dr L. Gendron

SPORTS

ABC du hockey, L', Howie Meeker
* **Aïkido — au-delà de l'agressivité,** M. N.D. Villadorata et P. Grisard
Apprenez à patiner, Gaston Marcotte
* **Armes de chasse, Les,** Charles Petit-Martinon
* **Badminton, Le,** Jean Corbeil
Ballon sur glace, Le, Jean Corbeil
Bicyclette, La, Jean Corbeil
* **Canoé-kayak, Le,** Wolf Ruck
* **Carte et boussole,** Björn Kjellström
100 trucs de billard, Pierre Morin
Chasse et gibier du Québec, Greg Guardo, Raymond Bergeron
Chasseurs sachez chasser, Lucien B. Lapierre
* **Comment se sortir du trou au golf,** L. Brien et J. Barrette
* **Comment vivre dans la nature,** Bill Riviere
* **Conditionnement physique, Le,** Chevalier-Laferrière-Bergeron
* **Corrigez vos défauts au golf,** Yves Bergeron
Corrigez vos défauts au jogging, Yves Bergeron
Danse aérobique, La, Barbie Allen
* **En forme après 50 ans,** Trude Sekely
* **En superforme par la méthode de la NASA,** Dr Pierre Gravel
Entraînement par les poids et haltères, Frank Ryan
Équitation en plein air, L', Jean-Louis Chaumel
Exercices pour rester jeune, Trude Sekely
* **Exercices pour toi et moi,** Joanne Dussault-Corbeil
Femme et le karaté samouraï, La, Roger Lesourd
Guide du judo (technique debout), Le, Louis Arpin
* **Guide du self-defense, Le,** Louis Arpin
* **Guide de survie de l'armée américaine, Le**
Guide du trappeur, Paul Provencher
Initiation à la plongée sous-marine, René Goblot

* **J'apprends à nager,** Régent LaCoursière
* **Jogging, Le,** Richard Chevalier
Jouez gagnant au golf, Luc Brien, Jacques Barrette
* **Jouons ensemble,** P. Provost, M.J. Villeneuve
* **Karaté, Le,** André Gilbert
* **Karaté Sankukai, Le,** Yoshinao Nanbu
Larry Robinson, le jeu défensif au hockey, Larry Robinson
Lutte olympique, La, Marcel Sauvé, Ronald Ricci
* **Marathon pour tous, Le,** P. Anctil, D. Bégin, P. Montuoro
Marche, La, Jean-François Pronovost
Maurice Richard, l'idole d'un peuple, Jean-Marie Pellerin
* **Médecine sportive, La,** M. Hoffman et Dr G. Mirkin
Mon coup de patin, le secret du hockey, John Wild
* **Musculation pour tous, La,** Serge Laferrière
Nadia, Denis Brodeur et Benoît Aubin
Natation de compétition, La, Régent LaCoursière
Navigation de plaisance au Québec, La, R. Desjardins et A. Ledoux
Mes observations sur les insectes, Paul Provencher
Mes observations sur les mammifères, Paul Provencher
Mes observations sur les oiseaux, Paul Provencher
Mes observations sur les poissons, Paul Provencher
Passes au hockey, Les, Chapleau-Frigon-Marcotte
Parachutisme, Le, Claude Bédard
Pêche à la mouche, La, Serge Marleau
Pêche au Québec, La, Michel Chamberland
Pistes de ski de fond au Québec, Les, C. Veilleux et B. Prévost
Planche à voile, La, P. Maillefer
* **Pour mieux jouer, 5 minutes de réchauffement,** Yves Bergeron
* **Programme XBX de l'aviation royale du Canada**
Puissance au centre, Jean Béliveau, Hugh Hood
Racquetball, Le, Jean Corbeil
Racquetball plus, Jean Corbeil
** **Randonnée pédestre, La,** Jean-François Pronovost
Raquette, La, William Osgood et Leslie Hurley
Règles du golf, Les, Yves Bergeron
Rivières et lacs canotables du Québec, F.Q.C.C.
* **S'améliorer au tennis,** Richard Chevalier
Secrets du baseball, Les, C. Raymond et J. Doucet
Ski nautique, Le, G. Athans Jr et A. Ward
* **Ski de randonnée, Le,** J. Corbeil, P. Anctil, D. Bégin
Soccer, Le, George Schwartz
* **Squash, Le,** Jean Corbeil
Squash, Le, Jim Rowland
Stratégie au hockey, La, John Meagher
Surhommes du sport, Les, Maurice Desjardins
Techniques du billard, Pierre Morin
* **Techniques du golf,** Luc Brien, Jacques Barrette
Techniques du hockey en U.R.S.S., André Ruel et Guy Dyotte
* **Techniques du tennis,** Ellwanger
* **Tennis, Le,** Denis Roch
Terry Fox, le marathon de l'espoir, J. Brown et G. Harvey
Tous les secrets de la chasse, Michel Chamberland
Troisième retrait, Le, C. Raymond, M. Gaudette
Vivre en forêt, Paul Provencher
Vivre en plein air, camping-caravaning, Pierre Gingras
Voie du guerrier, La, Massimo N. di Villadorata
Voile, La, Nick Kebedgy

Imprimé au Canada/Printed in Canada